MARKETING *e* MARKETEAM

DICAS PARA O SUCESSO EMPRESARIAL

FRANCESC DELGADO • JERONI BENAVIDES

MARKETING e MARKETEAM

DICAS PARA O SUCESSO EMPRESARIAL

Tradução
Sandra Martha Dolinsky

Revisão técnica
Prof. Dr. Douglas Zela
Coordenador e professor do curso de pós-graduação em marketing da FAE Business School, de Curitiba/PR

Academia

Título original: *Papá, quiero ser un empresario de éxito*

Preparação de texto: Lorena Vicini
Revisão: Paula B. P. Mendes
Diagramação: all4type.com.br
Capa: Sguerra Design

CIP-Brasil. Catalogação-na-fonte
Sindicato Nacional dos Editores de Livros, RJ

D392m Delgado, Francisco
Marketing e Marketeam: dicas para o sucesso empresarial / Francesc Delgado, Jeroni Benavides; tradução Sandra Martha Dolinsky ; revisão técnica Prof. Dr. Douglas Zela. - São Paulo : Planeta, 2012.

Tradução de: Papá, quiero ser un empresario de éxito.
ISBN 978-85-7665-849-8

1. Marketing social. 2. Marketing - Administração. I. Título.

12-1197. CDD: 658.8
CDU: 658.8

2012

EDITORA PLANETA DO BRASIL LTDA.
Avenida Francisco Matarazzo, 1500 | 3º andar | conj. 32 B
Edifício New York
05001-100 | São Paulo – SP
www.editoraplaneta.com.br
vendas@editoraplaneta.com.br

Se fizer planos para um ano, plante arroz.
Se fizer planos para dez anos, plante árvores.
Se fizer planos para toda a vida, eduque uma pessoa.

PROVÉRBIO CHINÊS

Sumário

Agradecimentos 9
Prefácio da edição brasileira 11
Prólogo 13
Preâmbulo 15

1. Cliente externo (marketing) 17
1.1. Âmbito de referência 17
1.2. Vantagem competitiva 35
1.3. Determinantes da orientação ao mercado 44

2. Cliente interno (marketeam) 77
2.1. Quantos tipos de clientes tem uma empresa? 77
2.2. Concretamente, o que é o marketing interno e em que se diferencia da gestão de recursos humanos? 81
2.3. Como equilibramos o marketing externo e o marketing interno? 100
2.4. Alguns exemplos 105
2.5. A chave do marketing interno: a comunicação 118
2.6. Estudo de caso: o Banco Sabadell e a campanha "Junts per Lleida" 133
2.7. Epílogo: os conselhos definitivos da vovó (o TOP 10) 165

Bibliografia citada ou consultada 171

Agradecimentos

Nós, autores, demos muitas aulas juntos, usufruindo do *feedback* dos alunos e empresários que as frequentaram, de suas críticas, sugestões, realidades e casos que nos serviram de exemplo ao longo de anos de trabalho docente. Por isso, queremos agradecer a todos pelas contribuições tão magníficas com que nos presentearam durante todo esse tempo, visto que são, no fundo, o gérmen deste livro.

Prefácio da edição brasileira

A cada dia que passa, o mundo dos negócios faz cada vez mais parte da nossa vida. Conhecê-lo um pouco mais é uma tarefa do cotidiano, rompendo com o paradigma de que este assunto é exclusivo de administradores, empresários e executivos. Hoje, todos têm interesse pelo tema.

Vivemos na chamada "era da informação" e, nesse momento, o que mais preocupa os especialistas é a filtragem de todas as informações que recebemos. Este livro é um grande exemplo disto: um compacto detalhado das principais estratégias de negócios que devem orientar o pensamento das pessoas que desejam compreender esse mundo.

Marketing e marketeam é o tipo de livro que envolve o leitor. Com uma linguagem descontraída e divertida, é capaz de solucionar uma série de dúvidas que as pessoas têm à respeito de administração, negócios e marketing. Francesc Delgado e Jeroni Benavides conseguiram, num curto espaço, retratar o que há de mais relevante na área.

No Brasil, costumamos nos nortear por exemplos locais e

estrangeiros, e os casos de sucesso aqui apresentados, sem dúvida alguma, são rumos que podem ser seguidos por todos.

Boa leitura!

Prof. Dr. Douglas Zela

Prólogo

Ao longo das páginas do livro que agora apresentamos – e apesar do tom mais ou menos informal que o texto adota –, pretendemos oferecer aos nossos leitores alguns elementos de análise que, sob nossa perspectiva, não deveriam passar despercebidos numa gestão de excelência de qualquer empresa.

Um deles – fundamental, em nossa opinião – é a necessidade de que os empresários foquem e concretizem suas prioridades de atuação. E, quando falamos de focar, não nos referimos exclusivamente ao que afeta o investimento de recursos econômicos, mas ao fato de que os recursos aportados se direcionem para a linha desejada, isto é, que cumpram o objetivo de criar o valor e a rentabilidade que o empresário tem como meta. Infelizmente, é mais comum do que parece que empresas com recursos suficientes para entrar no mercado e nele encontrar seu lugar acabem desaparecendo ou vivendo mal das pernas por uma otimização e aplicação deficiente desses recursos (econômicos, humanos, intelectuais, comerciais etc.). Portanto, não é gratuito esse apelo aos empresários por uma correta priorização e foco nas virtudes de sua empresa.

Outro aspecto que consideramos essencial nesta obra é o de ter levado às últimas consequências a lógica do mercado dentro da empresa. Isto é, o fato de pôr em pé de igualdade o sacrossanto mercado externo e o mercado interno (nossos colaboradores e empregados), que até agora talvez tenha sido intuído, mas nunca foi suficientemente valorizado. Como é possível que não tenhamos notado, de forma consistente, que o MERCADO tem regras, e que essas regras são aplicadas de forma similar, independentemente de onde esteja o cliente, se fora ou dentro de nossa empresa? Parece-nos que colocar esse conceito ao alcance do tratamento cotidiano é algo que vale a pena destacar. E, para isso, não vale medir esforços nem recursos, porque disso vai depender a potencialização e o prolongamento do sucesso de nossa empresa.

Com os exemplos considerados ao longo do livro e com as prioridades que vamos apontando em seu decorrer, pensamos que é possível ilustrar, de uma maneira conveniente, em que devemos transformar nossas empresas, para tentar superar erros da gestão empresarial do passado em um mercado do século XXI que parece tudo, menos entediante e conhecido. Nossa pretensão foi, para isso, conjugar humor e rigor, didática e entretenimento.

Esperamos que gostem de lê-lo tanto quanto nós gostamos de escrevê-lo e construí-lo.

FRANCESC DELGADO E JERONI BENAVIDES

Preâmbulo

Hoje, ainda vivemos imersos em uma situação de crise macroeconômica global* na qual, dia após dia, continuam surgindo notícias sobre expedientes de regulação de emprego, concursos de credores, quebras de empresas etc. É, sem sombra de dúvida, uma época nefasta para trabalhadores e empresários. Porém, mesmo constatando essa grave situação geral, a verdade é que ainda existem empresas gerando lucro, e ainda existem oportunidades de mercado e, portanto, oportunidades empresariais. E foi essa realidade que nos levou a cogitar – em uma de nossas tantas conversas por meio das quais às vezes gostaríamos de consertar o mundo – a possibilidade de explicar aos nossos leitores algumas saídas que, sob a nossa perspectiva, existem para diminuir, na medida do possível, as probabilidades de errar ao se dirigir ou montar uma empresa.

Contudo, querido leitor, não espere que este livro lhe forneça uma varinha de condão para vencer ou obter sucesso imediato. Isso não existe. Só queremos lhe mostrar alguns conceitos-chave que acreditamos estarem associa-

---

* A chamada crise econômica global, que se deu entre os anos de 2008 a 2011, teve um impacto muito menor no Brasil do que em outros países. (N. R.)

dos ao êxito e que podem ser encontrados nas empresas de sucesso que conhecemos.

Nos dias de hoje, todo empresário deve necessariamente considerar as mudanças pelas quais o mundo passa, já que elas determinam o comportamento empresarial imediato. Estamos em um novo ambiente, com mudanças culturais e tecnológicas intensas e constantes, e no qual empresas, empresários e trabalhadores constatam que os paradigmas sociais e econômicos estão se modificando dia após dia. Desse modo, o que antes era considerado válido como estratégia para nos desenvolvermos, hoje simplesmente não vale mais ou teve seu valor relativo alterado.

A filosofia deste livro propõe uma reflexão com base na perspectiva estratégica das empresas e na orientação ao mercado, além de explicar alguns fatores de sucesso que devem ser considerados para a direção de uma empresa. Faremos isso de uma maneira descontraída, com bom humor, utilizando um estilo referenciado nos relacionamentos familiares como elemento de proximidade e confiança, onde cabe o tom mais lúdico e divertido que pretendemos dar aos conceitos e aos termos com que lidamos ou que ouvimos em ambientes mais formais. Por isso falamos de filhos ou de vovozinhas.

Na proposta geral, o livro será dividido em dois grandes tópicos, que explicam, grosso modo, a visão que temos a respeito de tudo isso:

1. Cliente externo (marketing)
2. Cliente interno (marketeam)

1. Cliente externo (marketing)

1.1. Âmbito de referência

A "fotografia" que a estrutura de empresas do Estado espanhol nos apresenta é a seguinte:*

FIGURA 1

Tipo de empresa	N.º empresas	%	Empregados
Microempresas	1.265.099	43,00	De 1 a 9
Autônomos	1.500.394	50,99	Sem empregados
Total MICROS	2.765.493	93,99	De 0 a 9
Pequenas	151.506	5,15	De 10 a 49
Médias	21.465	0,73	De 50 a 249
Grandes	3.878	0,13	De 250 ou mais
Total RESTANTE	176.849	6,01	De 10 a 249
Total	2.942.342	100,00	

Fonte: Federação Espanhola de Mulheres Empresárias (2008).

* Esta tabela se refere à realidade da Espanha. No Brasil, deve ser considerado que ocorre muita informalidade, e boa parte das microempresas não aparece nas estatísticas oficiais. (N. R.)

Pelo que se pode observar na figura anterior, 99,87% da estrutura empresarial da Espanha corresponde às microempresas e às pequenas e médias empresas (PME).* São empresas, normalmente, com estrutura organizacional reduzida, nas quais as pirâmides de comando são pequenas. Talvez por isso muitos empresários pensem que essas empresas carecem dos recursos necessários para melhorar ou otimizar seu funcionamento, e que, portanto, este livro não se aplica a elas. Permita-nos, porém, dizer que essa objeção sobre a falta de recursos não é algo exclusivo das PME. Por definição, todas as empresas têm recursos limitados, absolutamente todas. Até mesmo a Coca-Cola. Portanto, isso não é desculpa para não comprar este livro, e muito menos para pensar que, para mudar alguma coisa, é necessário um grande investimento.

Do nosso ponto de vista, o mais importante ao analisarmos uma empresa – ainda que pareça o contrário – não é o seu tamanho, mas sim saber detectar as áreas-chave que constituem o fator crítico para seu desenvolvimento, e, portanto, aquelas que são absolutamente necessárias que sejam próprias, estruturais. As demais funções podem ser totalmente terceirizadas, quando se julgar conveniente, visto que o essencial é saber rentabilizar os recursos da maneira mais eficiente possível e sem deixar nada solto. Para isso, devemos saber qual é o conjunto de atividades que a empresa desenvolve e graças às quais consegue uma diferen-

* Segundo o Sebrae, no Brasil, já existem cerca de seis milhões de micro e pequenas empresas, que representam 97% de todas as empresas do país. (N. R.)

ciação no mercado em comparação com os concorrentes. Esse é seu *core business*. É algo essencial, e veremos por quê.

Como destacamos antes, o mundo empresarial está em um momento em que se percebe claramente o surgimento de uma mudança de "paradigma". Estamos em um ponto no qual a orientação das empresas para o mercado é um dos aspectos-chave para garantir seu sucesso, e em que a percepção de diversos fatores por parte dos compradores se transforma – se soubermos compreendê-los e potencializá-los oferecendo nossos produtos e serviços – no fator diferenciador para nossa empresa em relação à concorrência e, claro, na chave de nosso sucesso. E essa atitude deve ser parte estrutural de nossa estratégia.

A estratégia empresarial, portanto, nada tem a ver com literatura ou com poesia, e muito menos com fantasia. A boa estratégia deve se basear no rigor, no estudo dos processos que integram a organização e em uma clara orientação ou direcionamento da empresa, tanto internamente quanto em relação ao mercado.

O espírito latino é conhecido por sua característica de dizer que tudo é "meu": meu carro, minha mulher, minha empresa... É um jeito de verbalizar determinados conceitos e formas de pensar. Porém, no mundo empresarial, temos de começar a nos convencer de que nada é realmente "meu"; nada. No momento em que pensarmos, por exemplo, que um cliente é nosso e que o será para sempre, estaremos diante do início da decadência da empresa. O conceito de fidelidade mudou, como parte da mudança de paradigma a que nos referíamos.

As empresas estão em um mercado formado por um conjunto de pessoas que têm dois olhos, duas orelhas, uma boca, um coração, muitos sentimentos e, acima de tudo, algo que muitas vezes no mundo empresarial é negligenciado: a MEMÓRIA. De fato, a memória é um dos aspectos importantes que, no âmbito empresarial, frequentemente não é levado muito em conta. Com isso, queremos dizer que, nas empresas, todas as ações e todas as pessoas são fundamentais para atender às expectativas que o mercado deposita na compra de um produto ou serviço. E que nossas ações presentes, sejam quais forem, têm projeção futura na memória e na percepção de nossos clientes, e ajudam (às vezes, infelizmente, predeterminam) a configurar isso que chamamos de *posicionamento*, que é a percepção do cliente sobre nossa empresa.

Muitos de vocês vão se perguntar se a grande questão é saber se tudo depende do mercado. Quer dizer, todos afirmamos com certa frequência que estamos diante de um mercado louco que atua com seu livre-arbítrio. Bem, lamentamos ter de reconhecer que essa afirmação é essencialmente correta: tudo depende do mercado, e as boas ou más práticas dos empregados e dos empresários são aspectos que afetam o mercado e têm projeção sobre ele, e, além disso, podem agregar um grande valor ou uma grande perda para a empresa.

Nos dias de hoje, segundo nossa perspectiva, o consumidor está desconstruindo, ou já desconstruiu, dois paradigmas:

- **Primeiro**: a famosa relação *qualidade-preço* já não tem o mesmo significado de dez anos atrás. O paradigma geralmente aceito era que, quanto maior o preço, maior a qualidade. Em consequência, supunha-se que um produto de preço alto indefectivelmente oferecia alta qualidade, ao passo que um produto de preço baixo era considerado necessariamente de qualidade inferior. Pois bem, hoje o consumidor desconfia do conteúdo da qualidade real.

- **Segundo**: o baixo preço já não significa *branding* de "segunda classe". Temos uma grande prova disso no fenômeno do *low cost*, que não deve ser confundido com o conhecido *outlet*, posto que são dois conceitos completamente diferentes. Assim, enquanto o produto ou serviço *low cost* é criado desde o início para ser vendido a preços baixos, o *outlet* é um canal de comercialização utilizado para vender artigos de marcas reconhecidas que não tiveram saída no período em que ficaram expostos nos postos comerciais e que, por isso, são vendidos a preços mais baixos, mas conservando os valores da marca.

Porém, antes de começarmos a nos aprofundar em outros conceitos importantes, vamos fazer um pequeno exercício de reflexão muito primário, mas que nos dará muitas informações básicas. Com frequência começamos nossas aulas ou conferências formulando ao auditório de alunos e empresários uma pergunta que pode parecer trivial:

"Para que as empresas estão no mercado?" É uma pergunta simples, básica, mas conceitualmente muito importante , como comprovaremos mais adiante.

Antes de prosseguir, gostaríamos de formular essa mesma pergunta a você. Sim, sim, a VOCÊ, amigo leitor. Por favor, escreva a resposta que julgar mais adequada aqui, neste espaço que reservamos para isso:

....

....

....

....

....

....

....

Obrigado por sua colaboração. Agora, gostaríamos que você comparasse sua resposta com as descrições que exporemos a seguir.

As respostas a essa pergunta eram, e ainda são, as mais variadas. Muitas pessoas respondiam, e ainda respondem hoje, com expressões como estas:

- *Para ganhar dinheiro* (nossa opinião, francamente, é que não é esse o motivo).
- *Para satisfazer necessidades* (diante desta resposta, podemos formular uma pergunta adicional: você arriscaria todo seu patrimônio pessoal e empresarial *só* para "satisfazer as suas necessidades"?).
- *Para gerar empregos* (neste caso vale a mesma reflexão do tópico anterior).
- Algumas respostas chegavam até a afirmar que os empresários criam empresas "*para fazer alguma coisa*".

Imagino que você deva estar um pouco surpreso com esse tipo de resposta, mas, efetivamente, essa é a realidade. De qualquer maneira, querido leitor, queremos lhe transmitir nossa visão: para nós, as empresas não estão no mercado para nada do que foi descrito acima; incluindo, com certeza, sua resposta!

Até agora, as empresas estão no mercado *não para ganhar dinheiro*: elas estão no mercado...

PARA GANHAR A MÁXIMA
QUANTIDADE POSSÍVEL DE DINHEIRO,
DURANTE O MAIOR TEMPO POSSÍVEL!

Essa afirmação pode parecer *megacapitalista*, e pode até ter conotações muito negativas para alguns; não é nossa intenção, e explicaremos com um exemplo.

FIGURA 2

Se você, como empresário, tem uma marca de água mineral – tomemos como exemplo uma marca conhecida como de alta qualidade, a espanhola Font Vella (figura 2) – e sua concepção de empresa é simplesmente a de ganhar dinheiro, a filosofia que você aplicaria seria mais ou menos a seguinte:

Se o custo de fabricação de uma garrafa de água é de $ 0,10[1], por que não a vender por $ 0,12? Se assim fizéssemos, estaríamos aplicando uma margem de 20%, uma porcentagem significativa. Essa medida, porém, é orientada ao produto, e, infelizmente, ocorre com bastante frequência nas pequenas e médias empresas.

Pois bem, se pensarmos em termos de mercado e mudarmos a forma de entender a empresa do século XXI – e, como consequência disso, mudarmos sua orientação –,

1. Todos os preços utilizados no exemplo são absolutamente fictícios, e, portanto, sem relação objetiva com a realidade de mercado.

perguntaremos ao mercado: "Que valor você concede a nossa marca, a nossa empresa, ao serviço que prestamos?"

A resposta deveria nos levar a saber qual é, verdadeiramente, o conjunto de valores que nossa marca agrega ao mercado no qual nos encontramos; isto é, teria que nos indicar ou sugerir aspectos como:

- a fidelidade à marca;
- seu reconhecimento;
- a qualidade percebida;
- as associações da marca e
- a vantagem competitiva.

E tudo isso se dá em comparação com a concorrência. A partir daí, deveríamos inclusive saber quanto o mercado estaria disposto a pagar por essa garrafa de água.

A resposta, continuando com o exemplo da água, é que o mercado pagaria cerca de $ 0,90 pelo conjunto de valores desse produto. Desse modo, poderíamos propor um preço de $ 0,80, por exemplo, para nosso produto. O que estaremos fazendo? Dando ao mercado um produto/serviço a seu preço justo em troca do valor que ele lhe agrega quando comparado aos concorrentes.

Agora, vamos mudar o foco e olhar este caso sob a perspectiva da ORIENTAÇÃO AO PRODUTO.

Com o dado que obtivemos anteriormente (o mercado estava disposto a pagar $ 0,90 pela garrafa de água), vamos supor que houvéssemos decidido, por razões de estratégia ou por qualquer outra razão, que nossa empresa determinaria um preço de apenas $ 0,12 por garrafa (vale lembrar que nosso custo de obtenção do produto era de $ 0,10).

A grande pergunta que esta situação suscita é: o que o mercado vai pensar? Uma marca de prestígio como a Font Vella, que tem como *slogan* ser "a água da vida inteira" e que tem agregado ao seu produto, por esse mesmo motivo, um componente sentimental para muita gente, e cujo valor de marca está associado, em grande medida, a uma ideia de "saúde", pode ser vendida a apenas $ 0,12 por garrafa?

Se agirmos assim, o mercado poderá, inclusive, especular, com suspeitas como:

- Seria água da torneira?
- Será que a água está vencida?
- Poderia a água ter perdido a qualidade?
- ...

Isso quer dizer que, por mais que digamos ao mercado que somos muito justos com o preço que cobramos por nosso produto e que, por isso, só queremos cobrar $ 0,12 a garrafa, o mercado NÃO VAI ACREDITAR!

Mas, atenção, porque a ação contrária poderia gerar as mesmas consequências. Vejamos: o mercado pode estar disposto a pagar $ 0,90 por garrafa (segundo nosso exemplo), mas dá-se a circunstância de que, por um problema de custos internos de nossa empresa, o preço mínimo que podemos determinar para o produto é de $ 1,50 por garrafa – visto que, do contrário, não poderíamos obter o lucro mínimo. O que aconteceria com o mercado? Aceitaria isso? A resposta é clara: não. Não conseguiríamos vender nem uma única garrafa. Por quê? Porque o mercado não estaria disposto a pagar por um produto o valor muito acima do percebido, e em comparação com os preços da concorrência.

Com o exemplo acima, nossa opinião a esse respeito é a seguinte: as pequenas e médias empresas tendem a se posicionar com uma clara orientação ao produto. Porém, talvez tenha chegado a hora de mudar esse "paradigma", ou seja, aproveitar o momento em que as regras do jogo, segundo as quais o mercado opera, estão sofrendo uma profunda e prolongada transformação para tornar nossas empresas mais competitivas com base em uma contundente visão do cliente.

Esse "terremoto" sacudiu não apenas a oferta, o enfoque empresarial ou a visão do mercado que os próprios empresários devem ter, mas afetou também a própria "tecnologia" da venda e a interpretação do mercado. Ou seja, transfigurou o sentido do marketing.

Isto posto, permita-nos um pequena pausa no caminho para lhe oferecer nosso ponto de vista sobre o conceito de marketing, embora – como dissemos – isso não seja o nosso objetivo principal neste livro.

Para começar, algo absolutamente comprovado: o termo MARKETING está bastante desgastado, a ponto de, às vezes, adquirir conotações negativas.

Vamos contar uma experiência real para ilustrar o que estamos dizendo. Certa vez, após a primeira reunião do Conselho de Administração de uma empresa à qual dávamos assessoria, estávamos com o diretor-geral tomando um café na sala dos funcionários quando ele comentou, indicando algumas pessoas que entravam: "Esses são os holandeses". Voltamos nosso olhar aos recém-chegados, pensando que eram visitas, clientes ou fornecedores provenientes do país das tulipas. Porém, logo notamos que seus traços eram claramente latinos.

Surpresos, um de nós comentou esse fato com o diretor-geral, e ele respondeu com firmeza: "De fato, são daqui. Mas é que nós os chamamos de holandeses porque são do departamento de marketing". Olhamo-nos com cara de quem não estava entendendo nada. O diretor-geral percebeu, e, com um grande sorriso, explicou: "Nós os chamamos de 'holandeses' porque *holandamnosenrolando, holandamnosferrando*"...

Está claro que essa empresa vai precisar pagar muitas horas de consultoria (que, muitas vezes, funciona como uma terapia para as empresas) para mudar a cultura organizacional e essa visão sobre uma área tão fundamental para uma companhia como o marketing. Infelizmente, essa piadinha ilustra muito bem o que queremos dizer sobre a depreciação do conceito de marketing e sobre a consideração que muitos empresários frequentemente têm sobre esse departamento. Com certeza, quando buscamos explicações para isso, descobrimos que existem muitas razões; uma delas se dá pela confusão em torno dos objetivos que essa área deve visar, ou pelas incorretas aplicações ou expectativas associadas ao marketing. Não é nossa pretensão, como dissemos, analisá-las aqui e agora, mas vamos mostrar nosso ponto de vista.

Se fizermos a pergunta: "O que é marketing?" (às vezes, formulamos essa pergunta aos nossos alunos à queima-roupa, logo na primeira aula), as respostas podem ser muito variadas:

- publicidade;
- vender;
- propaganda;
- enganação;
- propor muitas bobagens para vender mais;
- lançar muitos produtos;
- ...

Já adiantamos que não nos deteríamos no conceito de marketing aqui, pois, para isso, existem bons manuais específicos que discutem a melhor definição para o termo. O que gostaríamos é de transmitir a ideia de que, em nossa opinião, existem três grandes dimensões dentro desse conceito (figura 3):

FIGURA 3

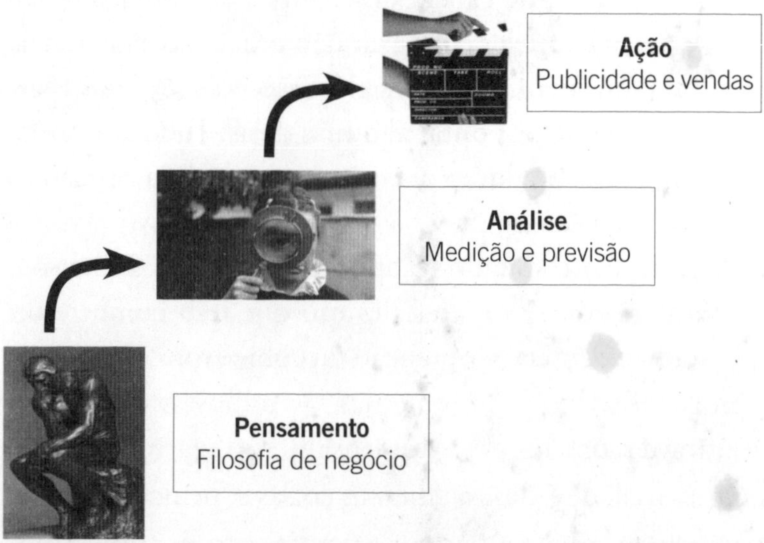

- *Pensamento:* é a forma como se entende o negócio, o setor e os concorrentes. É, enfim, a orientação da empresa. Essa visão do negócio não só deve ser obrigatoriamente assumida pela diretoria da empresa, como também deve ser compartilhada e internalizada pelos demais colaboradores. Neste tópico, é muito importante incluir, como parte da cultura corporativa, a forma como a empresa entende o cliente externo e o cliente interno.
- *Análise:* é a medição, a previsão de vendas, de resultados, cotas de mercado, lucros etc. Aqui, cabe mencionar que a área de marketing é uma das que mais facilmente pode gerar desvios orçamentários, uma vez

que é muito complicado predizer o futuro e as condições em que caberá desenvolver sua atuação: não é possível prever com exatidão o que a concorrência fará, ou quais jogadores entrarão ou sairão do mercado, só para apontar algumas delas. Tudo isso torna imprecisa qualquer previsão orçamentária aplicada a esse departamento.
- *Ação:* é o resultado da aplicação das duas dimensões anteriores. É a materialização que tem como resultado a venda e a obtenção dos objetivos.

Para ter um modelo de pensamento claro na gestão empresarial, devemos facilitar as coisas e, principalmente, pensar e exercitar a famosa *empatia*, isto é, colocarmo-nos na pele dos compradores de um produto/serviço. Só assim poderemos detectar grandes oportunidades de melhora e de negócio./

Vamos dar um exemplo: quando vamos ao dentista, é relativamente normal passar um bom tempo com o olhar perdido em algo em que, com certeza, não prestamos muita atenção. O leitor pode pensar que esse algo são as revistas da sala de espera, mas não. Estima-se que 89% das pessoas que vão a um consultório dentário passam quase uma hora olhando para o teto! (Os 11% restantes fecham os olhos.) É isso mesmo, querido leitor. O teto, consequentemente, transforma-se em um elemento de vital importância na percepção que o cliente pode ter sobre a ação de visitar o dentista. Se, por um acaso, nesse teto houvesse, por exemplo, uma pequena e triste mancha de sangue, durante essa hora de observação com certeza ficaríamos com o olhar fixo nela. Nesse tempo, provavelmente imaginaríamos hipóteses sobre o fato de que, nessa mesma cadeira, onde os pacientes sofrem ao serem atendidos, alguém sofreu a tal ponto que perdeu sangue, e o sangue foi parar no teto. "Aqui é onde se sofre! Aqui é onde nos fazem mal!"

Todos temos uma espécie de "*gremlin* mau" dentro de nós que se alimenta da falta de informação real. Para substituí-la, o que nosso *gremlin* faz é inventar uma versão, geralmente com conotações negativas e destrutivas. Imagine que, além de tudo, esse mesmo dentista chame sua atenção por estar com as unhas pretas. Imagine o que você pode chegar a pensar! O leitor até tem certeza de que, se isso acontecesse, se levantaria da cadeira e iria embora sem hesitar. Pois bem, se nessa suposta situação o dentista comentasse que a razão dessa "aparente sujeira" é que seus filhos pintaram suas unhas de preto enquanto dormia, nosso *gremlin* se acalmaria, por ter recebido, aparentemente, certa explicação verossímil para essa anormalidade. E o que muitos clientes poderiam pensar – que se trata simplesmente de sujeira –, depois dessa explicação do dentista, está muito longe de ser realidade. Poderíamos até pensar que temos diante de nós um profissional ainda mais humano do que teríamos pensado a princípio.

O que queremos dizer é que diversos fatores podem afetar a qualidade percebida pelo cliente, que pode se ver alterada – como no exemplo meio maluco que utilizamos – de forma muito negativa, apesar de estarmos, segundo o caso inventado, diante de um dos melhores profissionais do mundo na área de odontologia. Não obstante, tanto sua imagem como – repetimos – a percepção de qualidade que seus clientes extraem de tudo isso serão completamente afetadas por essa triste mancha de sangue no teto ou pelas unhas pintadas do dentista.

A propósito, se reparar bem nos consultórios dos dentistas, as instalações normalmente têm magníficos pisos de mármore, granitos espetaculares etc.; porém, o teto é um dos elementos a que se dá menos importância, embora seja, como dissemos, algo em que todos os clientes vão reparar durante uma hora aproximadamente, contra os dois minutos no total que dedicamos a observar esses pisos tão bem cuidados. Pensem nisso.

Seguiremos o esquema que vemos na figura 4 para estabelecer uma estrutura de pensamento no desenvolvimento conceitual que abordamos agora:

FIGURA 4

Como já comentamos em parágrafos anteriores, as empresas têm como objetivo obter, para seus proprietários, sócios ou acionistas, resultados superiores aos gerados por outros concorrentes, e que sejam sustentáveis no decorrer do tempo. Mas como conseguir isso? Existem diversas maneiras – por exemplo, aumentando a rentabilidade ou mantendo-a, mas reduzindo o risco.

Mas como tudo isso pode ser feito?

Para responder a essa questão teremos necessariamente de falar de:

1. Vantagem competitiva.
2. Determinantes da orientação ao mercado.

1.2. Vantagem competitiva

Permita-nos ser muito categóricos: a maioria das empresas não tem uma vantagem competitiva concreta, ou, caso a tenha, ela não está identificada. Essa é a razão pela qual muitas delas não obtêm, em médio e longo prazos, uma rentabilidade superior à que daria qualquer entidade financeira (depois de "ajustar" essa rentabilidade ao risco assumido) na qual depositássemos nosso investimento. Quando o setor para o qual direcionamos nossa empresa vai bem, isto é, quando a demanda supera a oferta, é possível subir os preços dos produtos e gerar lucros. Quando essa situação é corrigida pela entrada de novos concorrentes, por exemplo, ou porque a demanda diminui, ou porque as condições do macroentorno mudam, os lucros imediatamente são reduzidos. Por que isso ocorre?

Evidentemente, não é fácil ter uma vantagem competitiva defensável quando sabemos que, por definição, todas as empresas vão tentar imitá-la mais cedo ou mais tarde. Mas é necessário que a empresa concentre seus esforços em todos os elementos por meio dos quais pretende obter uma vantagem competitiva, ignorando – em certa medida – os concorrentes. Como dissemos, não é fácil, mas essa concentração de esforços é completamente necessária, visto que, como bem diz o ditado, "quem muito abarca pouco aperta". É bem pouco provável que uma empresa obtenha todas as vantagens competitivas simultaneamente, de modo que se torna obrigatório focar os recursos disponíveis para conseguir distinguir e potencializar uma, aquela que vai permitir que nos diferenciemos de nossos concorrentes e que geremos lucros.

Ninguém ignora que os custos são importantes, bem como a qualidade do produto, a assistência técnica ou a distribuição. E essa diversidade de fatores importantes, que convergem no produto ou no serviço final oferecido, leva muitas empresas a dividir seus recursos e investir um pouco em qualidade, um pouco na redução de custos e outro pouco em marketing, por exemplo. Com essa atuação – equivocada, em nossa opinião –, o que essas empresas realmente fazem é não atingir nenhum desses objetivos essenciais, e, quando o mercado demanda um produto diferenciado, essas empresas carecem de soluções para atender a essa necessidade. E se o mercado exigir um produto de baixo preço, por exemplo, essas empresas não estarão preparadas para oferecê-lo, porque não priorizaram nem potencializaram o fator preço em sua estratégia produtiva, nem em sua proposta de valor. Assim, se o preço fosse o fator essencialmente demandado pelo mercado, essas empresas seriam forçadas a aplicar uma fórmula de venda de seus produtos necessariamente baseada no preço (baixo risco de desaparecer, em médio prazo, nesse mesmo mercado), motivo pelo qual qualquer outro atributo, como a qualidade, deveria ser excluído da valoração final, sob o risco de que isso implicasse um preço maior que as deixasse fora do mercado. A conclusão deste caso seria que as empresas que sempre atuam dessa maneira, consequentemente, estarão competindo em condições inferiores a seus concorrentes.

Com isso, estamos longe de querer dar a impressão de que não nos importamos com os custos. Só queremos deixar claro que, quando se decide ter uma vantagem competitiva de diferenciação em, por exemplo, assistência técnica, todos os recursos têm de ser investidos no objetivo de ter a melhor rede de assistência técnica, com a melhor imagem, a melhor formação e os recursos adequados. E isso se daria da mesma forma se disséssemos que essa vantagem competitiva seria o preço ou a qualidade, ou qualquer outro atributo. Quando decidimos que nossa empresa vai se centrar na vantagem competitiva da liderança em custos, todos os nossos recursos têm de se orientar à redução de custos, sem exceção. Isto é, os vendedores venderão porque seu argumento de venda será que somos os mais baratos. É por isso que deveríamos dispor de uma estrutura de custos mais competitiva que os demais concorrentes.

Assim, quando uma empresa decide estrategicamente que se diferenciará da concorrência por meio do serviço de assistência técnica, não pode terceirizar esse serviço com o principal argumento de que "é muito caro dispor de um próprio". Isso é uma decisão estratégica, e não pode ser "delegada" ou "terceirizada" a qualquer empresa. Isso por várias razões:

1. É o argumento fundamental que nossos vendedores usarão para conseguir fazer a venda.
2. Serão criadas expectativas no mercado e, se elas não forem atendidas por conta de um serviço deficitário, nossa empresa será afetada no presente e no futuro (lembre que o cliente tem memória).
3. Não controlaremos a imagem corporativa.
4. Os objetivos de curto e/ou médio prazo da empresa que nos oferece o SAT podem entrar em conflito, visto que, para nós, desde o início, esse fator podia ser de importância fundamental, mas para o fornecedor essa valoração pode mudar com o tempo. Para dar um exemplo, pode chegar o momento em que já não seremos seu principal cliente, e sim só "mais um" cliente, e a empresa terceirizada invista menos na qualidade do serviço que oferece aos clientes.

Conselho da vovozinha

Quando falamos de vantagem competitiva, estamos nos referindo àquele aspecto que nos diferencia dos nossos concorrentes, isto é, a razão pela qual o mercado adquire nosso produto ou serviço; aquela característica que esse mercado valoriza acima de tudo e acima dos outros concorrentes, e que nos distingue deles. Esse é o nosso VALOR. Portanto, é absolutamente prioritário definir ou identificar nossa vantagem competitiva para poder explorar suas capacidades perante o mercado.

Devemos ter sempre em mente que o cliente compara esse valor com o valor que lhe aportam os produtos/serviços dos concorrentes, e, por isso, sempre exigirá que o produto/serviço que nós vendemos lhe aporte um valor superior ao oferecido pela concorrência, e que, além disso, atenda a suas expectativas.

Tomemos a marca de café Nespresso como exemplo. Em seu site, encontramos o seguinte:

> A palavra *espresso* provém do italiano *esprimere*, que significa "expressar".
>
> Um verdadeiro espresso é, pois, uma expressão, a alma do café.
>
> Graças a um sistema único no mundo, a Nespresso conseguiu captar esse espírito que desejamos que você descubra hoje, utilizando o mecanismo sutil da degustação.
>
> Das percepções gustativas, visuais, olfativas e táteis nascerá uma sensação rica, complexa e intensa. A sensação que leva os iniciados a reconhecer em Nespresso um espresso excepcional.

FIGURA 5

De modo geral, interpretamos que esse produto tem um valor diferenciado em relação à concorrência. E muitos leitores até pensarão que a NESTLÉ, proprietária da marca NESPRESSO hoje, inventou e lançou no mercado um produto que está sendo a "galinha dos ovos de ouro". Mas, para nos certificarmos disso, vamos repassar um pouco sua história, segundo o relato que nos fez o diretor-geral da Nestlé na Espanha, em uma jornada formativa da qual participamos faz um tempo.

O Nespresso é, hoje, um produto de grande sucesso, mas foi inventado em 1973 por Batelle, um laboratório de patentes. Posteriormente, a marca foi adquirida pela Nestlé como solução para prover café descafeinado ao canal HORECA (HO*téis*, RE*staurantes*, CA*feterias*). Porém, essa tentativa fracassou.

Alguns anos depois, o produto foi relançado no mercado institucional como máquinas de café para empresas, mas também sofreu novo fracasso.

Nos anos 1990, houve a tentativa de abordar o mercado de massa por meio de hiper e supermercados, com o triste resultado de ser retirado desses pontos de venda, pois mostrou ser um produto de rotação zero e falta de vendas.

Finalmente, neste século, o Nespresso encontrou seu mercado: um café de luxo, para experts, variado, cuidadoso em todos os detalhes, um pouco esnobe até, e vendido de forma direta pelo site corporativo ou por meio de uma rede de lojas exclusivas próprias, situadas em locais que estão de acordo com esse valor aspiracional.

A chave do sucesso do Nespresso foi dirigir-se a um segmento de mercado específico, que busca um valor diferenciado, e dotar o produto desses valores de diferenciação que seu consumidor procura.

Sob nosso ponto de vista, a maneira como esse sucesso foi obtido pelo Nespresso assumiu uma clara orientação ao mercado, um mercado específico, coisa que exigiu, ao mesmo tempo, uma redução do risco de:

- subjetividade por parte da empresa;
- resistência à mudança;
- atuação apenas naquilo que se sabe fazer, sem ver que novas competências deveriam ser desenvolvidas para se adaptar ao mercado;
- dependência da renda de acertos do passado.

Mas a verdade é que muitas organizações se julgam orientadas ao mercado pelo simples fato de estarem em contato diário com ele há muitos anos. A realidade é muito diferente, já que a experiência não se resume aos anos acumulados, e sim à profundidade com que eles foram vividos. A soma de anos, como nas pessoas, só reduz o alcance da vista. Muitos empresários e diretores, no momento em que recebem uma pergunta ou uma determinada proposta de mudança, costumam responder com certa suficiência: "Quer me ensinar? Estou há trinta anos nesta empresa". Do nosso ponto de vista, o grande erro é confundir *ter trinta anos de experiência com ter* UMA *experiência multiplicada por trinta anos.*

Nesse sentido, quando incorporamos um profissional a nossa empresa, talvez pensemos que é melhor que aporte experiência no setor em que atuamos. Em algumas ocasiões, é possível que seja dessa maneira, mas também deveríamos pensar que cada vez mais avançamos rumo a um mercado mais complexo e aperfeiçoado, no qual é mais difícil encontrar diferenças significativas e distintivas entre uma empresa e outra. Por isso, outra visão é considerar a ideia de que determinados profissionais, mesmo procedentes de outros setores, mas com experiência e competências comprovadas, poderiam nos oferecer pontos de vista bastante diferentes dos tradicionais e agregar valor, justamente por não estarem contaminados pelas crenças de determinado setor.

Portanto, como conseguiremos nos diferenciar em relação aos nossos concorrentes? Como poderemos nos destacar em um mercado que está cada vez mais padronizado e homogeneizado? Essas são as perguntas que muitos empresários se fazem constantemente. Em nossa posição, devemos respondê-las sugerindo (quase afirmando) que encontraremos uma solução clara no talento, na capacidade de fazer a diferença e de inventar o que nunca antes ninguém inventou, em quebrar as regras, em criar imperfeições no mercado, em fugir da concorrência. A tecnologia (interpretada como a forma de elaborar o produto ou o serviço que oferecemos) não exerce esse valor diferenciador de maneira tão decisiva quanto o talento, e, quando exerce, é sempre de forma transitória, até que os outros concorrentes obtenham essa mesma tecnologia (por possibilidades ou por preço), ou até que essa tecnologia mude, de novo, para todos. Assim, a tecnologia deixa de ser uma vantagem competitiva sustentável. Por outro lado, o talento, desenvolvido e focado em nossa empresa, permite que estabeleçamos diferenças mais duráveis em relação a outras companhias.

Mas isso, por sua vez, implica outra coisa: devemos constantemente nos reinventar. As coisas (os produtos e serviços, as estratégias, os canais etc.) que nos propiciaram sucesso no passado não necessariamente representam sucessos no presente ou no futuro. Os sucessos passados obedeciam às necessidades de seu momento e de seu âmbito, que hoje e amanhã são e serão diferentes. Porém, o fio condutor de garantia de sucesso é, como dissemos, esse valor do talento, pessoal e corporativo (da empresa em seu conjunto).

Para tudo isso, nos ajudará dispor, adicionalmente, de determinados indicadores – que podemos chamar de "determinantes da orientação de mercado". Esses indicadores devem estar incrustados em sistemas de monitoramento contínuo e em controles sistemáticos, e não em eventuais e pontuais atuações de checagem. Vamos ver quais são alguns deles.

1.3. Determinantes da orientação ao mercado

Segundo a American Marketing Association (AMA), o mercado é a "área onde se movem os compradores e vendedores de mercadorias e serviços". De acordo com essa definição – muito básica, aliás –, o mercado deixou de ser apenas o lugar onde se realizavam operações de compra e venda e passou a englobar todos os compradores reais e potenciais de produtos e serviços determinados, além de seus fornecedores. Assim, é necessário conhecer o mercado por meio da demanda e de todos os agentes que atuam nele.

A análise desses dois fatores será feita por meio da consideração dos seguintes elementos:

1. Cliente final.
2. Cliente intermediário.
3. Influenciador.
4. Concorrentes.
5. Monitoramento do ambiente.
6. Coordenação com o cliente interno.

Porém, antes de mergulhar nessa análise, seria bom refletir mais detidamente sobre uma questão. Uma pergunta que todos os empresários deveriam se fazer, e em cuja resposta está a chave para dirigirmos nossa atuação, é a seguinte: por que o mercado compra meu produto ou meu serviço? É uma pergunta simples, mas que nos propiciará informações muito úteis. E, para responder a ela, recomendamos aos empresários que estiverem nos lendo, e que ainda não sabem a resposta, que formulem essa questão para si mesmos – mas não sentados em seu escritório, e sim depois de acompanhar um de seus vendedores na visita a clientes, e de ouvir da boca deles as razões pelas quais compram nossos produtos. E devemos ouvi-los atentamente. Sabem por que temos duas orelhas e uma boca só? Para ouvir o dobro do que falamos.

1.3.1. Cliente final

Vamos contar uma história que conhecemos há muito tempo (do livro *A qualidade com o sorriso*, de René Drouin). É a história do crocodilo.

> A cena se passa em um prestigioso centro psiquiátrico. Um brilhante médico faz sua ronda diária pelas salas de visita.
>
> Um novo paciente chegou na véspera.
>
> – Bom dia! – nosso psiquiatra cumprimenta o homem que está a sua frente. – O relatório indica que você é o paciente ideal para nós: somos especializados em casos como o seu, e estamos perfeitamente equipados para curá-lo. Como se sente?
>
> – Ah, doutor! – responde o paciente. – Estou muito contente por estar em sua clínica e me sinto bem atendido. Mas, veja só, dormi muito mal. Há um crocodilo debaixo de minha cama que faz um barulho horrível.

"Diabos! O coitado está realmente perturbado", pensa o médico.

– Vamos, homem! Confie em nós e não se preocupe. Tudo vai se arranjar. Amanhã passarei para vê-lo, e vai ver que a coisa terá melhorado.

No dia seguinte...

– Ah, doutor, que bom tornar a vê-lo. Estou um pouco melhor, mas sofro terrivelmente de insônia. Esse crocodilo é terrível. Range os dentes, ronca, raspa com as unhas... Não consegui pregar o olho.

"Ora! Decididamente, esse paciente está muito mal", pensa o psiquiatra.

– Não se inquiete, meu amigo. Em dois dias, no máximo, tudo estará ajeitado. Definitivamente. Eu garanto.

Dois dias depois, a mesma cena. Dessa vez, o médico sai da sala pensando a que colega psiquiatra poderia passar esse fantástico caso de alucinação.

Passam-se mais dois dias. O médico vai começar suas visitas e, enquanto veste o jaleco, assoviando, pergunta a uma enfermeira:

– E o louco do crocodilo, onde está, por favor?

– Lamento muito, doutor. O crocodilo o comeu esta noite.

Moral da história: é preciso sempre ouvir o cliente!

Considerando a moral da história, se o empresário realmente ouvir o mercado, poderá obter informações muito valiosas que lhe permitirão se antecipar e satisfazer as necessidades exatas de seus clientes, atendendo, assim, às suas expectativas. Essa é a única maneira de detectar as possíveis oportunidades do mercado e de se adiantar aos concorrentes.

Ao mesmo tempo, se soubermos qual é o valor que realmente agregamos aos nossos clientes atuais, disporemos de informações-chave que nos permitirão abrir o mercado de referência a possíveis novos segmentos de oportunidade que não cogitávamos como objetivo inicial. E não se esqueça de que não importa para quem se vende; é preciso sempre lembrar que os clientes são pessoas. Mesmo se vender seu produto ou serviço para grandes coletividades, quem, em última instância, toma a decisão de comprar de você é sempre uma pessoa. E essa pessoa determinará, de forma concludente, o valor que é aportado à empresa dela. Por alguma razão, é fácil às vezes esquecer esse "detalhe" e cair na armadilha de pensar que nossas vendas são algo impessoal, e que as decisões de compra são tomadas *só* com base em critérios de produto. Em absoluto. Por isso não podemos tratar nossos clientes – sejam eles finais ou intermediários – como se fossem peças de maquinaria em uma linha de montagem. Sempre devemos deixar evidente o valor que aportamos para a empresa deles.

Com certeza até o leitor deste livro, bem como muitos compradores, teve um dia a experiência de ter sido tratado como se não existisse, de estar em uma loja ou um local qualquer e se sentir invisível.

Um clássico exemplo disso pode ser visto nos supermercados, onde dois caixas conversam animadamente sobre o próximo fim de semana enquanto registram os produtos comprados, sem prestar a menor atenção aos clientes que estão a sua frente.

Também ficamos admirados com o evidente prazer que determinados vendedores sentem quando dizem ao cliente que não têm o produto que ele pediu. Achamos que isso acontece porque alguns funcionários veem os clientes como um problema, do qual querem se livrar o mais rapidamente possível. Essa atitude precisa ser mudada de forma urgente e contundente se realmente quisermos estar orientados ao cliente final. De fato, o conveniente seria estabelecer um protocolo de atendimento que incluísse técnicas de escuta ativa para as pessoas que estão em contato com o cliente (seja o cliente final ou o intermediário). Do mesmo modo, e de forma complementar, deveriam ser implementados os meios necessários para garantir que a voz do cliente chegue aos órgãos de direção da empresa, com o menor nível de distorção possível. A informação que obtivermos dos clientes nos permitirá fazer mudanças no serviço ou pequenas adaptações às necessidades do mercado, o que certamente nos permitirá melhorar nosso atendimento e os produtos oferecidos e, em muitos casos, continuar sendo competitivos. Por meio das informações que eles nos proporcionam, em geral é possível encontrar elementos que nos falam das mudanças que estão acontecendo no próprio mercado, ou da entrada de novos concorrentes nele, ou de promoções-piloto que realizaram etc.

Em algumas ocasiões nos perguntaram como atuações desse tipo podem ser realizadas em empresas pequenas, visto que essas possuem poucos recursos. A resposta é bem clara: ninguém descobre oportunidades sentado no escritório. Por isso, "convidamos" os diretores das empresas a visitar os clientes com seus vendedores, como comentamos anteriormente. É impressionante o que se aprende e o que se pode observar com essa ação, até mesmo se ela for feita de surpresa. É possível ver, por exemplo, como cada um dos vendedores argumenta com o cliente sobre os valores dos nossos produtos. Também podemos observar a resposta do cliente, conhecer em primeira mão quem são realmente nossos concorrentes (outros fornecedores do cliente), os motivos pelos quais compra da nossa empresa etc. Nossa proposta inclui ouvir ao vivo e ativamente os clientes e, acima de tudo, saber interpretar a informação que nos oferecem para poder agir.

Tomemos como exemplo um caso muito interessante relatado por um aluno em sala de aula. Ele estava explicando que sua família é dona de uma rede de lojas de roupa e que, em um dado momento, decidiram fazer uma pesquisa de mercado para saber o grau de reconhecimento da sua logomarca – e, dessa forma, poder realizar uma série de ações que aumentasse a capacidade de venda de suas lojas. A ideia dessa empresa familiar parece, segundo o que explicamos até o momento, acertada.

O resultado, segundo o aluno, fora muito satisfatório, pois havia confirmado que tinham uma notoriedade espontânea da marca de 99%, e que 95% do segmento dos executivos (um de seus principais grupos de clientes) possuía alguma peça adquirida em uma de suas lojas. Diante desses dados tão positivos, a família decidiu não fazer nada, visto que os objetivos determinados estavam sendo atingidos. O aluno se surpreendeu quando lhe perguntamos qual era a tendência de vendas dos últimos anos, e a resposta foi muito específica: negativa. A cada ano, faturavam um pouco menos que no anterior.

Não parece muito lógico pensar que, quando existe uma clara tendência negativa de vendas, a melhor solução seja não fazer nada, por melhores que houvessem sido os resultados da pesquisa de mercado realizada.

Pedimos que ele descrevesse como foi feita a pesquisa. Basicamente, o estudo consistiu na contratação de um casal de pesquisadores, ambos fisicamente muito atraentes, que se posicionaram na sala do terminal da ponte aérea de Barcelona durante três dias, "armados" com um questionário elaborado para tal fim.

Imagine por um momento, querido leitor, a situação: um casal de pesquisadores perambula por um espaço onde, enquanto esperam a saída do voo, os pacientes viajantes não sabem para onde olhar, entediados, e onde as únicas opções de distração que têm é assistir às decolagens ou aterrissagens dos aviões, ou abrir o notebook, ou ler o jornal. De repente, aparece diante deles um pesquisador que lhes pergunta se dispõem de alguns minutos para responder a um pequeno questionário. A resposta é instantânea e positiva. E, com o melhor dos seus sorrisos, o passageiro assente com a cabeça a cada pergunta, e também – por que não – com alguma mentira piedosa para alguma delas. Pode, inclusive, inventar alguma informação para ficar bem com o entrevistador. Diante de uma pergunta como: "Quantos ternos da marca 'x' você tem?", a resposta fornecida poderia ser deste estilo: "Curiosamente, hoje não estou usando um deles, mas no armário de casa tenho sete". Uma resposta que bem poderia estar muito longe da verdade.

É justamente nisso, segundo nós, que está o erro, já que se permitiu a intervenção de muitos fatores que potencializavam o risco de distorção nas respostas. Por isso, os resultados dessa pesquisa de mercado não eram necessariamente válidos e estavam muito longe da realidade.

Pesquisas de mercado baseadas em fontes primárias (uma amostra representativa de nosso mercado) não são, como neste caso, solução mágica para nada. Pois bem, já que a empresa decidiu utilizá-las, nosso conselho é analisar essa pesquisa com coerência e profissionalismo, posto que os resultados poderão conter uma distorção significativa se o projeto de pesquisa não for correto. E supõe-se que a empresa possa tomar uma série de decisões como consequência dos resultados da pesquisa. Imaginem como ela é importante. E, ainda por cima, a empresa terá a convicção de que foi o mercado que lhe proporcionou os dados nos quais basear essas decisões.

Conselho da vovozinha

Temos que saber tudo sobre o cliente final, absolutamente tudo. Para isso, aconselhamos seguir o "modelo PERALES" e responder a perguntas como estas:

- Como ele é?
- Onde se apaixonou por você?
- De onde é?
- O que faz nas horas livres?
- E, para responder a elas, nada como perguntar ao próprio cliente.

Ter esse conhecimento permitirá ao empresário ser mais competitivo e, desse modo, fazer os clientes se "apaixonarem" mais. Mas é preciso ouvir o cliente final com uma atitude voltada para encontrar novas oportunidades de melhora, e não ter como objetivo ouvir só o que gostaríamos de ouvir.

Assim, é melhor que os próprios empresários, aleatoriamente, saiam com os vendedores e ouçam os argumentos de suas equipes de venda e as razões pelas quais os clientes compram de sua empresa.

1.3.2. Cliente intermediário

Quando falamos de "cliente intermediário", referimo-nos às pessoas ou empresas que compram um produto/serviço para revendê-lo aos consumidores finais. A decisão de compra do cliente intermediário costuma ser tomada por pessoas qualificadas, e o processo de decisão é racional.

Estamos falando diretamente do canal de venda. Ele pode ser composto por diversos formatos comerciais, diversas tecnologias de venda e diversas extensões do canal, ou seja, por tantos intermediários quanto for necessário para fazer o produto chegar do fabricante ao usuário final (veja a figura 6).

Historicamente, estabelecia-se um nível de colaboração quase nulo com o canal de venda. O fabricante tinha como único objetivo vender o produto ao canal, e na maior quantidade possível. Tecnicamente, fazia-se uma política que chamamos de *selling*, na qual, independentemente das necessidades reais dos clientes interme-

FIGURA 6

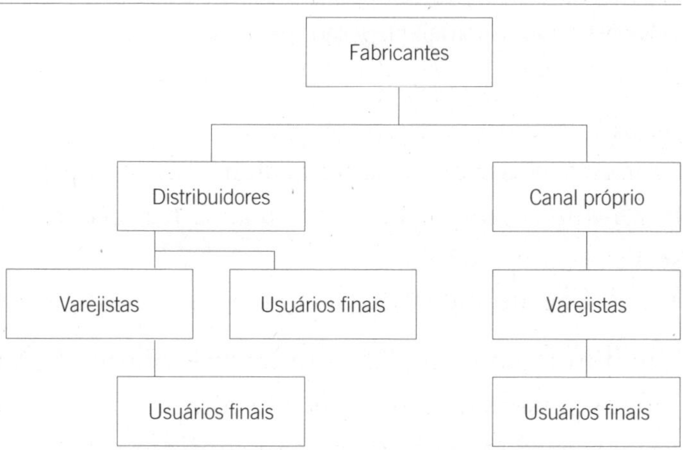

diários, o objetivo era pressioná-lo para comprar. Isso se justificava argumentando que era uma maneira de bloquear a entrada de concorrentes para nossos clientes distribuidores devido ao estoque em demasia que estes suportavam. Adicionalmente, existia um segundo objetivo, que consistia em transferir a pressão da venda ao canal, posto que, com um nível de estoque excessivo, o próprio distribuidor é que se responsabilizaria, por necessidade, por realizar quantas ações fossem necessárias para poder reduzi-lo.

Essa política de relacionamento com o canal de venda demonstra apenas que se carece de uma clara orientação ao cliente intermediário. E tornamos a recordar que, por trás de uma empresa, há pessoas, e essas pessoas têm memória. Por isso, quando em alguma ocasião utilizamos uma política de venda de *selling* com o canal, devemos considerar o risco que assumimos, visto que esse cliente não fará uma nova compra conosco se o resultado que obtiver houver sido uma falta de rotação, uma rentabilidade deficitária ou nula, uma pressão excessiva para vender por conta do estoque acumulado, ou pouca ou nenhuma colaboração do fabricante/fornecedor para resolver essa questão.

Com base nesses argumentos, permitimo-nos introduzir um exemplo relativo ao setor da alimentação. Nesse setor, já faz algum tempo, vem ocorrendo uma mudança significativa na comercialização de produtos. Referimo-nos às chamadas *marcas próprias* (produtos da marca do distribuidor). Diante dessa situação, os fabricantes líderes do ramo de alimentação estão realizando planos de ação muito agressivos para contrabalançar o poder, cada vez mais notório, exercido pelo canal de alimentação por meio de suas próprias marcas. As condições desse cenário, por esse fato, mudaram drasticamente e, por isso, as empresas que quiserem estar presentes nesse mercado precisarão se adaptar.

O conhecido pão de forma da marca Pullman, por exemplo, com o tempo se transformou em uma prototípica marca-categoria de produto. Isso acontece a ponto de, hoje em dia, muitos consumidores, no momento da compra, identificarem essa marca com o pão de forma em si mesmo. Ou seja, com frequência já não dizemos que queremos pão de forma, mas diretamente pedimos "pão Pullman", mesmo que depois compremos a marca própria. Isso significa que a Pullman dispõe de uma marca muito poderosa e notória, mas cada vez com um número maior de concorrentes entre as marcas próprias.

O fortalecimento dessa tendência de maior relevância da marca própria sobre as marcas de fabricante vem gerando consequências muito importantes no contexto empresarial. Um artigo que analisamos há algum tempo (Agência Europa Press, 12 de julho de 2009) informava que a rede de supermercados espanhola Mercadona conseguira que a empresa Siro, fornecedora de pão de forma da marca Hacendado para esse distribuidor, adquirisse três fábricas da empresa norte-americana Sara Lee Bakery, proprietária na Espanha da marca Pullman.

Segundo alguns diretores, "as marcas são obrigadas a reformular suas propostas de valor; vencerão os produtos que aportarem características únicas, independentemente do preço. Os fabricantes, cada vez mais, têm de justificar 40% de diferencial de preço sobre a marca do distribuidor". Isso nos confirma que as condições do entorno mudaram, as regras do jogo são diferentes, e quem quiser continuar no mercado tem de se adaptar também às necessidades do cliente intermediário. A alternativa é clara: é preciso encontrar novos canais de comercialização.

Nossa recomendação, e a tendência cada vez mais clara do mercado, é seguir uma política de *sell out* com os clientes intermediários, isto é, ajudá-los a vender. Para que a relação seja sustentável em longo prazo devem existir três fluxos de intercâmbio entre empresa e cliente intermediário:

1. *Fluxo de mercadoria/serviço:* entende-se como o produto/serviço oferecido para posterior venda.
2. *Fluxo de dinheiro:* em troca do fluxo de mercadoria/serviço, o cliente intermediário paga a seu fornecedor as faturas correspondentes.
3. *Fluxo de informação:* esta é uma das chaves que devem ser destacadas. O fluxo de informação deve ser bidirecional, ou seja:
   a. O cliente intermediário é quem pode nos oferecer, de forma contínua, informações confiáveis

sobre o cliente final e sobre nossos produtos, posto que pode obtê-la com base nas respostas dos concorrentes, nas possíveis imitações que nosso produto sofre, nos argumentos dos concorrentes contra nosso produto, nos argumentos do cliente final sobre as razões pelas quais decide comprá-lo ou não etc.

b. Da mesma forma, a empresa tem de oferecer ao cliente intermediário informações sobre:
   - como vender o produto;
   - a proposta de posicionamento que tem como objetivo e que está sendo transmitida ao mercado;
   - os aspectos que diferenciam seu produto dos da concorrência;
   - os dados analíticos da zona de influência, isto é, fornecer um "retrato falado" dos segmentos de clientes presentes em sua área de influência e de seu comportamento de compra;
   - como realizar conjuntamente planos de ação para a venda de seu produto e de que modo o cliente pode dispor de sua ajuda continuada para isso.

Conceitualmente, podemos afirmar que, se nosso cliente intermediário não vende, nós também temos um problema. Porque, enfim, devemos considerá-lo como parte integrante de nossa própria empresa.

Conselho da vovozinha

Em relação ao cliente intermediário, devem ser respeitados os três fluxos, já que, se esse trinômio não estiver equilibrado e não funcionar corretamente, existirá risco, em curto prazo, de ruptura e de crise para ambas as partes.

Ele é, ainda, o interlocutor com o cliente final, e dele dependem, em última instância, fatores essenciais para nós, como o posicionamento de nossa própria empresa.

Se o cliente intermediário não vender, nós não venderemos.

Lembre-se, mais uma vez, de que, por trás de cada empresa, há pessoas, e que as pessoas têm memória.

1.3.3. Influenciador

O influenciador é uma figura que existe em todos os mercados, mas qual é seu significado real? Segundo várias fontes, a definição seria: "Pessoa que exerce uma influência pessoal sobre outras. Não se trata de um líder no sentido estrito, e sim de um expert sobre um produto ou serviço".

Outra definição possível seria: "O influenciador é a pessoa que influencia a decisão de compra do consumidor ao lhe aconselhar ou lhe indicar o consumo de determinada marca. São instrumentos específicos de vendas destinados ao influenciador:

- participações em congressos;
- seminários e conferências;
- brindes;
- documentação técnica e catálogos;

- visitas a fábricas;
- amostras."

Como se pode apreciar nestas definições, os influenciadores são pessoas com um "poder" muito importante na tomada de decisão de outros compradores ou consumidores, e cujos conhecimentos e/ou opinião são valorizados. É por isso que os influenciadores de um mercado devem ser sempre identificados pelas empresas, posto que podem ser ótimos "apóstolos" da marca.

Existem dois tipos de influência, as quais chamaremos de:

1. Influência conativa.
2. Influência cognitiva.

Influência conativa é a recomendação de compra de determinado produto ou serviço que uma pessoa recebe de outra (o influenciador), e na qual a confiança nela e a opinião dela são o principal aval. Como exemplo, temos os medicamentos prescritos por um médico, ou os livros que um professor nos sugere.

Influência cognitiva é aquela que se recebe como *input* em um momento e em uma situação específicos, mas que não se traduz na compra imediata. A compra se dá em um espaço de tempo diferente, embora seja consequência da influência realizada anteriormente. Como exemplo, temos a cor de lingerie de que nossa esposa gosta, a marca de carro que sempre disse ser sua preferida, o restaurante que um dia comentou que gostaria de conhecer por determinada razão, as figurinhas preferidas do nosso filho, sobre as quais já comentou com a mãe etc.

Se a empresa sabe o tipo de influência que lhe é própria, deve utilizar para ela os argumentos oportunos e adaptar a mensagem que quer transmitir ao mercado em sua política de comunicação.

Conselho da vovozinha

Saber quem são os influenciadores do mercado em que a empresa atua permite otimizar os recursos.

Existem duas formas de influência: a influência conativa e a influência cognitiva, e, para que cada uma delas seja implantada, será necessário adaptar o marketing mix, isto é, a política do produto, de comercialização, de preços e, principalmente, a política de comunicação.

Quando o produto ou serviço de uma empresa recebe muitos *inputs* negativos dos influenciadores, ela terá muitas dificuldades de vender, mesmo que sua qualidade real seja correta. Essa é a força da influência.

1.3.4. Concorrentes

Um dos aspectos que talvez seja dos mais importantes na gestão de uma empresa é identificar e definir quem são seus concorrentes. E conhecê-los é algo que parece muito elementar, mas, em vista de nossa experiência, não é tão simples como parece. As empresas sempre afirmam saber (até se orgulham disso) quem são seus concorrentes diretos, apesar de termos comprovado, em mais de uma ocasião, que a análise feita para chegar a essa conclusão com frequência sofre uma distorção significativa, e, inclusive, está muito distante da realidade objetiva.

Para saber quem são nossos concorrentes, bastaria perguntar aos nossos clientes de quem, além da nossa empresa, compram seus produtos.

Por exemplo, podemos relatar o caso real de uma empresa que tivemos oportunidade de conhecer há pouco tempo. É uma empresa de isolamento de paredes, com uma tecnologia baseada em lã. Seus diretores nos explicaram, quando lhes perguntamos quem eram seus concorrentes, que não tinham concorrência, pois eram os únicos no mundo a fabricar isolamentos com essa tecnologia.

Independentemente de sua concorrência distintiva, que pode ser essa tecnologia baseada na lã, se pensarmos no cliente externo, o mercado pode lhe informar de quem compra o produto no caso de não adquirir esse tão exclusivo. A resposta dos clientes pode ser que o concorrente é o poliestireno expandido, a madeira ou um tipo de Pladur®, que incorpora isolante. Desse modo, a empresa de nosso exemplo deixará de pensar que não tem concorrentes e, no mínimo, posicionará o produto no mercado de uma forma diferente, mudará a política de preços e pensará de outra maneira o modo de entrar no mercado.

Quando queremos fazer uma análise competitiva, a teoria nos diz que uma das melhores formas é utilizando as "5 forças de Porter", ou seja, considerando:

1. Os *concorrentes atuais* que estão no mesmo mercado de referência e que representam a concorrência direta. O conhecimento profundo sobre eles permitirá que nossa empresa seja mais competitiva agora, e também no futuro. Uma forma de conhecer melhor os concorrentes é por meio da informação que nossos próprios vendedores nos proporcionam em seu contato direto com os clientes. Para isso, é fundamental determinar quais *inputs* são relevantes para nós e sobre o que queremos ser informados.
2. Os *concorrentes potenciais* que podem entrar no mesmo mercado, seja por uma extensão própria de seu mercado geográfico ou por uma oportunidade detectada. Quando falamos de oportunidades, temos de estar cientes de que elas existem para todos, ou seja, se estamos em um mercado que apresenta um crescimento interessante ou margens atraentes, essa informação também pode ser analisada potencialmente por muitas outras empresas, que podem se tornar concorrentes futuros. Para evitar a entrada dos concorrentes em nosso mercado, temos de construir o máximo de *barreiras de entrada possíveis*. Estamos nos referindo, por exemplo, a criar patentes, bloquear seu

acesso a todos ou a parte dos canais de venda, desenvolver economias de escala ou coberturas de mercado, entre outras.

3. Todos os *produtos substitutivos* que satisfazem a mesma necessidade, mas com tecnologia diferente. Isso significa que o cliente compra soluções para suas necessidades, e não a forma de satisfazê-las. E o cliente busca como fazer isso independentemente do produto/serviço *per se*. Vamos dar um exemplo: atualmente, segundo estatísticas publicadas na Espanha, cada cidadão tem 1,4 telefone celular*, quase todos com câmera fotográfica. Há três ou quatro anos, a necessidade de tirar fotos podia ser satisfeita apenas com câmeras fotográficas. Mas a tendência da telefonia móvel de incorporar sistematicamente nos terminais mais aplicativos, que acabaram por diferenciar as marcas umas das outras, fez que os fabricantes atuais de câmeras fotográficas sentissem uma clara redução nas vendas. A telefonia, curiosamente, satisfez essa necessidade. Surgiu um concorrente inesperado. Esse é mais um exemplo que deve nos levar a refletir sobre o fato de que os concorrentes podem aparecer por meio de outros produtos substitutivos, e que, além disso, podem pôr em "xeque" um setor inteiro.

---

* No Brasil, segundo dados da Agência Nacional de Telecomunicações (Anatel), já são 1,16 celular por habitante. (N. R.)

4. O *poder dos clientes*. Como ameaça indireta, eles têm uma grande importância, como pudemos observar no tópico relativo ao cliente intermediário. Mas muitos clientes intermediários não são colaboradores da empresa, embora sejam fundamentais no mercado de referência. Aqui, referimo-nos a dois conceitos. Ao fazer uma análise competitiva, devemos identificar quem são os clientes que, em primeira instância, comprarão o produto/serviço. Em um primeiro estágio, será o próprio canal de vendas, posto que, se ele não confiar em nosso produto/serviço, enfrentaremos o primeiro problema sério: antes de chegar ao cliente final, o canal pode "vetar" seu sucesso. E isso devido a vários motivos, tais como experiências passadas negativas com o fornecedor, fracassos com outros produtos anteriormente comercializados, com os quais teve problemas para acabar com o estoque gerado, falta de confiança, pouca rotação estimada etc. Normalmente, a incidência desses *inputs* em um mercado é muito importante, mas mais importante é quando no mercado existem poucos "compradores" ou poucos canais de venda, visto que o poder que eles têm – e eles sabem disso – é muito significativo.
5. O *poder dos fornecedores*, já que são – ou podem ser – atores que afetam diretamente as regras competitivas do mercado. É o mesmo conceito que explicamos no tópico anterior, mas sob a perspectiva do fornece-

dor. Ou seja, o fornecedor multiplica seu poder em um mercado onde existem poucos fornecedores. Usaremos como exemplo o caso das cervejas. Como sabemos, essa bebida é composta, entre outras matérias-primas, de malte. Os fornecedores de malte são, na maioria, de propriedade das próprias empresas cervejeiras, o que lhes permite controlar o preço de uma matéria-prima essencial para a elaboração de seu produto. Se, agora, decidíssemos construir uma grande marca de cerveja, de quem compraríamos o malte? Essa situação confere um grande poder aos fornecedores dessa matéria-prima, baseado em uma barreira de entrada construída, entre outros, pelas próprias empresas cervejeiras.

Conselho da vovozinha

Ter um bom conhecimento sobre quem são os concorrentes reais, de acordo com o mercado, permite ampliar e adaptar os argumentos de venda da empresa, bem como focar os recursos empregados.

Analisar profundamente os concorrentes permitirá detectar quais são nossos pontos fracos, e, quando decidirmos "atacar" o concorrente, as possibilidades de erro serão reduzidas.

1.3.5. Monitoramento do ambiente

Nos dias de hoje, as condições do ambiente global estão marcadas por uma crise macroeconômica generalizada que pode transformar as ameaças em oportunidades com apenas alguns dias de diferença.

As empresas estão imersas nesse ambiente de difícil controle que as obriga a não ignorar, de jeito nenhum, os dados provenientes dele.

Em um cenário econômico como o atual – no qual algumas empresas se movem rumo à globalização, outras tentam subsistir, outras visam a grandes operações de fusão ou alianças estratégicas –, subjaz uma profunda mudança nos modelos de negócio. Por isso, a economia mundial avança rumo a um novo modelo baseado no conhecimento acima dos demais fatores econômicos tangíveis. Se na era agrícola o recurso central foi a terra e na era industrial foi a maquinaria (capital físico), na nova economia que está se configurando o conhecimento e sua distribuição pelas diversas unidades que compõem o sistema econômico são o elemento-chave para a criação da riqueza.

Dessa maneira, é possível definir uma "economia baseada no conhecimento" como sendo a economia baseada na produção, distribuição e uso do conhecimento e da informação (figura 7).

Essa teoria, que aborda a importância da geração de conhecimento e o desenvolvimento de atividades inovadoras como fatores de crescimento econômico, não é nova, longe disso. O que é novo é o recente destaque dado ao conhecimento, explicado pelos dois seguintes fatores básicos:

- a evolução no desenvolvimento de indicadores e métodos de medição contribuiu para se considerar o conhecimento como novo *input* inerente ao processo produtivo. O conhecimento, como qualquer outro fator de produção, pode ser gerado e utilizado na criação de novos bens e/ou serviços (inovação), na melhora das operações, produtos e/ou processos atuais, e no aproveitamento da relação com seu entorno;
- o surgimento e o desenvolvimento de novas tecnologias da informação e da comunicação (TIC) contribuíram para a maior facilidade no uso e na criação do conhecimento.

Com isso, podemos apontar o conhecimento e o capital intelectual como as futuras fontes de vantagens competitivas sustentáveis. Laurence Prusak, em um artigo publi-

FIGURA 7

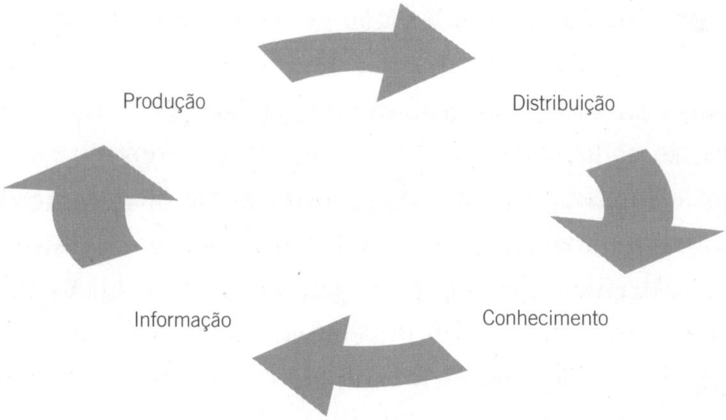

cado em 1996, já afirmava o seguinte: "Os pesquisadores nas áreas de vantagens competitivas sustentáveis chegaram à conclusão de que a única coisa que dá a uma organização vantagens competitivas duradouras é o que ela sabe, como utiliza o que sabe e sua capacidade de aprender coisas novas rapidamente".

Determinados componentes costumam se diferenciar do ambiente geral, e sua consideração em conjunto constitui o que se convencionou chamar de "análise PEST" (utilizando suas iniciais). São os seguintes:

- ambiente *P*olítico legal;
- ambiente *E*conômico;
- ambiente *S*ociocultural e
- ambiente *T*ecnológico.

1.3.5.1. Ambiente político legal

A ação dos diversos governos e administrações públicas pode afetar as condições competitivas da empresa. Assim, a regulação dos setores e das instituições supranacionais (caso da União Europeia), as medidas de fomento de determinadas condições relacionadas com a inovação, a internacionalização ou a regulação de diversas facetas da prática empresarial são fatores que geram diferentes consequências (e de diferentes naturezas) para as empresas. Da mesma forma, também têm seu impacto a regulação do mercado trabalhista, a legislação de mercado e administrativa, a política fiscal e, como não, a política tributária (impostos).

Por exemplo, recentemente foi aprovada nos Estados Unidos a Lei da Saúde Pública, que permitirá que mais de 30 milhões de americanos tenham, pela primeira vez, acesso a um seguro-saúde por meio de convênios médicos privados. Os cidadãos que não puderem financiar com seus recursos esse tipo de seguro serão subvencionados pelo Estado. Para muitas empresas vinculadas à saúde, esse fato (independentemente de outro tipo de conotação sociopolítica) representa uma oportunidade de negócio, ao passo que, para outras, a nova lei poderia ser interpretada como uma grande ameaça.

1.3.5.2. Ambiente econômico

As condições do ambiente econômico onde as empresas desenvolvem sua atividade também podem influir em seus rendimentos atuais e futuros.

Vejamos a influência de alguns desses fatores e seu efeito.

Em termos gerais, podemos afirmar que o crescimento econômico se relaciona com o ritmo em que aumenta a produção de bens e serviços de determinado país. Essa variável econômica se reflete, entre outras manifestações, no gasto ou consumo das famílias. Assim, quanto maior for o crescimento econômico, maior será o consumo dos particulares, e mais fácil será aumentar as vendas.

Esse crescimento alivia a pressão competitiva, visto que as empresas não têm que necessariamente lutar entre si para manter e aumentar sua atividade, a qual se vê favorecida por esse aumento geral do consumo.

Olhando por outro viés – como um segundo exemplo –, diríamos que, quanto maiores forem os tipos de juros (o preço do dinheiro), mais caro será para as empresas financiar seus projetos de investimento e seu gasto diário, e, portanto, mais cara será também para os consumidores a aquisição de bens mediante pagamentos a prazo. Em consequência, tanto o investimento quanto o consumo tenderão, em linhas gerais, a decrescer.

Também é verdade que os tipos de câmbio das moedas afetam a capacidade das empresas de competir nos mercados internacionais, visto que uma moeda forte favorece as importações de bens e serviços, mas, por outro lado, prejudica as exportações para outros países.

Outro fator que devemos considerar é a inflação e seu efeito sobre a atuação das empresas. A inflação é a taxa pela qual se aumenta, de forma geral e sustentada, o preço dos produtos e serviços. Quanto maior for a inflação, mais se desvalorizará o dinheiro, e os preços aumentarão, e, por isso, o consumo das famílias se reduzirá. O custo das matérias-primas das empresas, por sua vez, aumentará; elas se adaptarão ao aumento de preços de forma continuada e tenderão a reduzir seus lucros.

Outros aspectos, como as taxas de desemprego, o déficit público ou a política fiscal e tributária, têm, como todos os exemplos anteriores, efeitos negativos sobre as possibilidades competitivas das empresas.

1.3.5.3. Ambiente sociocultural

As empresas se movem no seio da sociedade expostas às mesmas influências, às características e aos processos de mudança que ela suporta, incluindo os de caráter sociocultural. Nesse sentido, são especialmente importantes os seguintes aspectos:

- *Condições demográficas:* afetam o potencial de desenvolvimento de muitos setores e condenam outros ao desaparecimento ou à marginalidade. Por exemplo, o aumento da expectativa de vida da população está propiciando o surgimento ou a potencialização de novos setores orientados ao atendimento à terceira idade.
- *Aspectos culturais:* a fórmula individualista, grupal, societária ou comunicativa da sociedade afeta as possibilidades de atuação empresarial e a aceitação dos produtos/serviços por parte dos consumidores potenciais.
- *Aspectos sociológicos:* o papel desempenhado pela mulher na sociedade, as mudanças de valores sociais ou os diferentes estilos de vida dominantes têm, necessariamente, um impacto sobre a empresa e sobre os produtos ou serviços oferecidos. Assim, por exemplo, os novos modelos de família, muitas vezes de caráter fragmentado e diverso, com casamentos sucessivos e relacionamentos de parentesco novos, influenciarão, sem sombra de dúvidas, ati-

tudes posteriores de seus integrantes dentro da sociedade. Já está sendo curioso observar a modificação dos valores de lealdade entre trabalhadores e, principalmente, consumidores, com substratos como estes.

1.3.5.4. Ambiente tecnológico

Uma das dimensões que mais estão evoluindo ao longo das últimas décadas é a tecnológica. O desenvolvimento e sua aceleração modificam constantemente as condições nas quais a empresa compete, e significam a abertura de novas possibilidades para ela, ou um perigo para aquelas que não saibam se adaptar. Entre os aspectos mais destacados que devemos considerar estão:

a) O grau em que as novas tecnologias podem modificar o produto ou serviço que a empresa oferece, afetando, por exemplo, os processos de fabricação; elas também podem exercer influência nos relacionamentos de intercâmbio entre a empresa e seus concorrentes.
b) A velocidade de modificação do ambiente tecnológico. Por exemplo, diante de outros produtos, como os celulares ou a televisão digital, que estão modificando seus substratos tecnológicos em ciclos curtos, podem existir outros ambientes nos quais essa mudança nas estruturas globais da concorrência seja mais

lenta, como é o caso das novas energias substitutivas do petróleo. Mas nem por isso a evolução deixa de afetá-los. Do mesmo modo, surgem aqui também novidades que não podem pegar as empresas de surpresa, sob o risco de sofrerem consequências indesejáveis diante dos concorrentes e do mercado.

Conselho da vovozinha

A empresa não está em uma "bolha" que lhe permita se isolar do ambiente. Adapte a empresa aos fatores do cenário atual; nunca lhe dê as costas.

Monitore constantemente o ambiente; muitos sintomas indicam, de uma forma latente, que haverá mudanças.

1.3.6 Coordenação com o cliente interno

Ao longo das páginas anteriores, fomos mostrando como entendemos o mercado, como abordá-lo, como nos dirigimos a ele e com que ferramentas (vantagens competitivas) podemos fazer isso.

Porém, temos de reconhecer que toda a argumentação que expusemos até agora não será suficiente se quisermos fazer – como dissemos no início do livro – uma avaliação do que, no nosso entender, são as chaves do sucesso de uma empresa ou de um empresário.

Falta uma peça absolutamente primordial, que é a principal vantagem competitiva de uma empresa (do tipo e tamanho que for). Uma peça cuja relevância só se compara à "pedra filosofal", que chamamos de "orientação ao mercado".

Do que estamos falando? É fácil adivinhar: de nossos funcionários, de nossos colaboradores, do fator mais determinante (bem dirigido, motivado, formado e organizado) no sucesso empresarial.

Alguém disse uma vez: "Quando ouvir sua empresa declarar publicamente que o ativo mais importante dela são seus funcionários, terá chegado a hora de procurar outro emprego, porque o fim se aproxima". Independentemente da ironia da frase, nós, sinceramente, não acreditamos que isso seja verdade. Algumas empresas podem, de fato, declarar isso para manter, talvez, uma pose, ou por esnobismo, ou para aparecer no mercado como uma empresa moderna. Se elas agem por esses motivos, talvez valha a pena que o funcionário procure um novo emprego. Mas, então, isso já não dependerá de um pronunciamento ou outro. Essa empresa já nos terá mostrado – talvez muito antes de seu pronunciamento – que não é o lugar onde gostaríamos de estar. A frase enunciada é literalmente verdadeira, segundo nossa opinião. E da empresa depende *tornar operativa* e materializar a verdade sobre ela.

As páginas que se seguem vão tratar disso: de como transformamos nosso corpo de funcionários na vantagem competitiva adicional. E, para isso, usamos os mesmos parâmetros de mercado que utilizamos até agora. Por isso falamos de mercado interno e de marketing interno quando abordamos a questão. E também, por esse mesmo motivo, falamos de clientes internos quando nos referimos a nossos funcionários. Vejamos.

2. Cliente interno (marketeam)

2.1. Quantos tipos de clientes tem uma empresa?

Talvez a pergunta possa parecer um tanto estranha; pode-se até pensar que ela tenha sido feita para distrair o leitor ou para flagrá-lo em algum "deslize" do tipo "seja qual for a resposta, estará errada". Mas não é nada disso. A resposta a essa pergunta é absolutamente vital para focar de uma forma ou de outra tudo o que nos espera neste capítulo.

Antes de mais nada, porém, vamos lhe pedir que, como fizemos em um exemplo anterior, arrisque sua resposta por escrito, e brevemente, neste espaço:

....

....

....

....

Se a resposta que você deu é que só existe um tipo de cliente, o cliente final, o que compra, o que paga, o que nos dá lucro, para quem trabalhamos todos os dias esforçando-nos para servi-lo melhor e criar os produtos e serviços que nos demanda, além de arruinar tudo que estamos prestes a explicar neste capítulo, significa uma coisa: que temos uma visão linear e unidirecional de nossa relação com o cliente. Ou seja, nossos esforços para melhorar o relacionamento e a comunicação com *esse único* cliente só serão feitos da empresa para fora, em direção a ele e em nenhuma outra, e com nenhum outro objetivo.

Bem, é uma maneira de ver as coisas. E não é uma resposta errada. Pelo menos não em vista dos milhares de empresas, executivos, diretores e proprietários que fazem isso todos os dias. A realidade mostra que muitas empresas, inclusive de sucesso, utilizam e praticam esse modo de agir. Definitivamente, pensando assim, você não tem por que se sentir equivocado ou inseguro acerca de sua resposta.

No entanto, o que acontece se algum leitor, talvez mais perspicaz e mais detalhista, responder que uma empresa tem mais de um tipo de cliente? Poderá sentir-se inseguro com a resposta ou pensar que esse atrevimento criativo não lhe parecia mesmo a melhor solução? Pois podemos dizer que quem pensou assim também estava certo. Sim, não estamos brincando com você. Também é possível pensar – e não errar por isso – que existe mais de um tipo de cliente para uma empresa. Além do que já descrevemos antes, muitos autores, pesquisadores, conferencistas e professores universitários, entre os quais modestamente nos encontramos, há tempos descobriram pelo menos um segundo tipo de cliente. E chamaram-no de *cliente interno*. Ou então, o que dá no mesmo, OS FUNCIONÁRIOS.

E o que implica essa mudança de entendimento? O que significa e o que nos leva a pensar assim? De imediato, leva-nos a ter de orientar as atuações da empresa em duas direções: a externa e a interna. Para a primeira, utilizamos habitualmente o marketing "tradicional", aquele que as empresas usam sem nenhum sobrenome para vender seus produtos e serviços todos os dias em um mercado competitivo. E, para a segunda, utilizamos uma disciplina relativamente nova, que chamamos de "marketing interno".

Atenção, porque essas palavras simples podem começar a gerar certo nervosismo em alguns profissionais tradicionais do marketing e também em alguns responsáveis pela área de recursos humanos igualmente tradicionais, bem como em não poucos executivos que tinham muito bem identificadas e distribuídas as funções-chave dentro de suas empresas, e que estão vendo sua vida se complicar com essa inovação. Mas pedimos a todos eles crédito até que tenhamos exposto por completo nossa tese nas páginas que se seguem.

É verdade que falar de marketing interno em uma empresa nos leva a pensar em coisas novas e diferentes das que havíamos feito até agora, e também a fazer coisas novas para responder às perguntas que vamos ter de formular ao introduzir esse novo conceito. Por exemplo:

a) Quer dizer que, se falar de marketing externo nos leva a falar de mercado, quando falarmos de marketing interno também teremos de trabalhar dentro da empresa como se os funcionários fossem outro mercado?
b) Se o marketing externo tem certas estratégias, técnicas e ferramentas de desenvolvimento, o marketing interno também tem?
c) O investimento e os planos que fazemos em marketing externo também deverão ser feitos se reconhecermos que existe um marketing interno?
d) A partir de agora, não será possível considerar só o marketing externo? Necessariamente o marketing interno deverá se associar a ele?
e) Então, os funcionários são nossos clientes?

Sob nossa visão e a de muitos outros autores antes de nós, a resposta é afirmativa para essas cinco questões e para muitas outras similares. Tanto que há quem tenha identificado (Barranco, 1993) as variáveis com que trabalhamos em marketing externo e "traduzido" para as variáveis de trabalho utilizadas no marketing interno. São elas (figura 8):

FIGURA 8

MARKETING EXTERNO	MARKETING INTERNO
Cliente	Funcionário
Produto ou serviço	Empresa
Técnica de vendas	Comunicação interna
Força de vendas	Diretoria
Objetivo	Aumentar a motivação

Vamos tentar argumentar ao longo das páginas a seguir por que tudo isso nos parece pertinente.

2.2. Concretamente, o que é o marketing interno e em que se diferencia da gestão de recursos humanos?

Para essa pergunta, permita-nos dar, brevemente, três referências ou ideias que, de forma mais ou menos acadêmica, respondem a ela:

- *"O marketing interno é a filosofia de tratar o funcionário como um cliente interno"* (Berry e Parasuraman, 1991).
- *"Não é possível fazer um bom marketing externo sem envolver também, na mesma ação, os funcionários"* (Flipo, 1986).

- *"As condições internas das empresas (trabalho = produto interno, e mercado interno = funcionários) se parecem com suas condições externas"* (Berry, Hensel e Burke, 1976).

E, para responder à pergunta deste tópico, talvez seja necessário reinterpretar as ideias que acabamos de apresentar de uma forma mais pessoal. Vejamos. Alguém já viu uma situação parecida?

– Bom dia – diz uma senhora de meia-idade, com jeito de professora, que se dirige à primeira pessoa que encontra livre no balcão de uma loja de eletrodomésticos de seu bairro, pertencente a uma cadeia pequena, mas onde costuma encontrar ofertas interessantes com certa regularidade.

– Bom dia, pois não – responde, solícito, o funcionário; uma pessoa aprumada e com jeito de quem está faz tempo nesse ofício, e possivelmente na mesma empresa.

– Gostaria de um pouco mais de informação sobre a oferta do mês, de televisores de 19 polegadas que vi na Internet.

– Desculpe... onde disse que viu essa oferta? – pergunta o funcionário, parecendo meio surpreso com o que acaba de ouvir. E é possível que até a senhora tenha se dado conta dessa surpresa.

– No site da loja. Eu o vi há uma semana, e dizia que durava o mês todo – responde ela, com certa impaciência.

– Pois é a primeira vez que ouço falar dessa oferta. Não me lembro de ter recebido informação a respeito. Com licença, vou perguntar ao meu colega.

O funcionário abandona por alguns segundos o balcão e se perde dentro da loja. Volta com certa cara de incredulidade e comenta:

– Tem certeza de que foi no site de nossa empresa? Meu colega também não sabe a que se refere.

– Certeza absoluta – diz a senhora, visivelmente incomodada com o questionamento.

A cliente começa a fazer cara de ansiedade e de certa irritação, enquanto o funcionário, que sabe que algumas vezes antes já aconteceram coisas similares porque o pessoal da central não informa a todas as lojas as ofertas do mês, decide acreditar na senhora, em vista da segurança que demonstra no que diz. E explica:

– Vou ter que ligar para a central para que me expliquem exatamente em que consiste essa oferta. Realmente, há uns dez dias chegou uma remessa de televisores pequenos, mas achamos que fosse um erro, porque não havíamos feito pedido, e nem recebemos informação de que fizessem parte de uma oferta.

– Ouça – responde a senhora com nervosismo evidente –, por mim não precisa ligar. Não quero perder mais tempo, vou a outro lugar ver ofertas de televisores. Tenha um bom dia.

O que aconteceu nessa sequência (que, infelizmente, não é uma invenção estranha e rebuscada, e sim – com algumas variações – mais frequente do que nos possa parecer)?

Aconteceram várias coisas:

- Houve falha evidente na comunicação interna da empresa sobre algo básico como as ofertas vigentes (inclusive sobre as que estão por vir) para que os funcionários pudessem atender de forma rápida e eficiente o cliente que visita a loja. O cliente está mais bem informado que os próprios funcionários. Veremos isso mais adiante.
- Os funcionários têm a sensação de estar fazendo um papel ridículo na frente dos clientes, por estarem desatualizados. Têm a impressão de que a empresa os abandonou e os expôs a esse papel de bobo sem a mínima consideração. Assim eles não podem vender nem oferecer um bom serviço aos clientes. E, além disso, um ou outro funcionário pode passar a ter a sensação de que cometeu um erro há alguns meses quando não aceitou uma oferta de emprego em uma cadeia concorrente maior, valorizando o fato de que em uma empresa com menos funcionários poderia existir um tratamento mais pessoal e mais próximo.
- Com certeza, o cliente não voltará (ou tardará a voltar) a essa loja por conta da falta de informação e do serviço ruim que lhe ofereceram. O mais importante, no entanto, é que isso afetará o *posicionamento* da empresa e a marca que representa. É bem provável que o cliente que tem uma experiência desagradável com um produto, um serviço, uma loja ou uma marca não perca a oportunidade de falar com outros potenciais usuários sobre esse fato, e espalhe uma opinião negativa sobre isso entre seus conhecidos.

Essa situação teria funcionado de forma diferente se a cadeia de lojas tivesse utilizado uma estratégia de marketing interno antes e em paralelo à execução de outras ações externas de marketing e/ou publicidade?

Sem dúvida que sim, em nossa opinião. Se os diretores da cadeia houvessem considerado que seu mercado interno (os funcionários, todos os funcionários da empresa) requeria ações sistemáticas de informação e comunicação acerca do planejamento das ofertas do próximo mês, por exemplo, e acerca das características dos produtos em promoção e qualquer outro aspecto relativo à venda (financiamento, garantias, interesse em nossos produtos ou nossas ofertas sobre outras da concorrência, preços de venda comparativos entre nossa oferta e a dos concorrentes etc.), o funcionário não teria passado pela situação constrangedora que foi descrita.

E se isso houvesse acontecido como parte de uma estratégia continuada, como uma forma habitual de trabalhar da rede de lojas, o funcionário – clientes internos – teria respondido à cliente da maneira como ela esperava, e é bem provável que conseguisse fechar uma venda, que, por sua vez, aumentaria os lucros da cadeia e, com certeza, o bônus dos vendedores. Nada desprezível. E o funcionário teria, ainda, percebido a satisfação do cliente por ter adquirido o que queria, teria demonstrado estar à altura do que se espera dele e teria encarado o cliente seguinte com mais proatividade.

Nesse sentido, o consenso geral está alinhado com a ideia de que existe uma sequência lógica e praticamente indefectível (causa/efeito) entre o clima corporativo, o atendimento ao cliente, a satisfação do cliente e os resultados econômicos, sendo que a melhora ou positivação de cada um desses fatores aumenta o valor do seguinte. A figura 9 explica melhor o que queremos dizer:

FIGURA 9

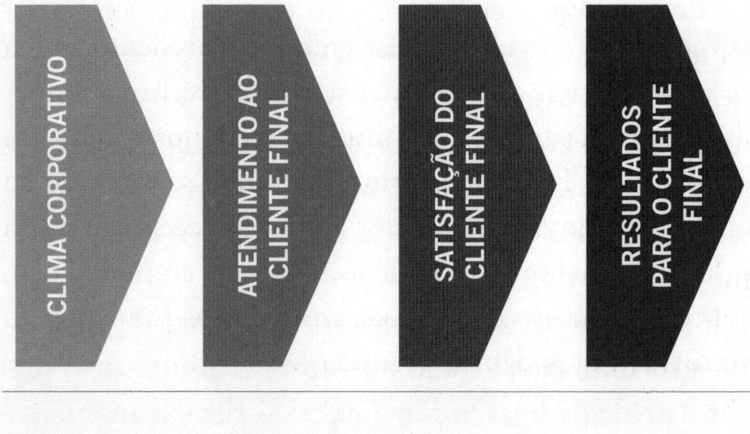

Certamente, vários teóricos apoiam essa ideia sobre a necessidade de manter funcionários satisfeitos para obter um serviço de qualidade para nossos clientes (George, 1977; Sasser e Arbeit, 1976, entre outros).

E é aqui que o marketing interno – estreitamente vinculado à gestão de recursos humanos, e, em suas origens, também à qualidade do serviço (Berry et al., 1976) – pode obter os melhores resultados em relação à satisfação de clientes e de funcionários, e à retenção e rentabilidade de ambos. Tanto que Berry (1981) e Grönross (1983) definiam claramente quais eram os objetivos específicos do marketing interno:

a) garantir a motivação dos funcionários para poder implementar na empresa, depois, uma verdadeira orientação ao cliente;
b) desenvolver a capacidade da empresa para atrair e reter os melhores funcionários.

Também é verdade que esse enfoque mais democrático – e ao mesmo tempo mais útil e sensato – recebeu a contribuição, essencialmente, das mudanças em nosso contexto sociocultural. Essas transformações foram se forjando ao longo dos últimos dois séculos e hoje aparecem em nossa sociedade com uma contundência que nem empresas, nem empresários, nem especialistas em recursos humanos ou em marketing podem se esquecer:

1. O trabalhador é uma peça essencial da rede social e é protegido legalmente para que se garanta seu reconhecimento como tal.
2. A natureza do trabalho mudou de forma significativa. O trabalho já não é só força, e sim agregação de valor.
3. Os valores sociais mudaram, até transformar o trabalho em um meio, e não em um fim em si mesmo.

4. A *terceirização* de nossa economia nos conduz a dois tipos de necessidades que se manifestam em paralelo: a necessidade de buscar a qualificação dos nossos funcionários, o que potencializa o valor do capital intelectual; e a necessidade de reforçar o papel das atitudes pessoais como base do serviço.

É por tudo isso que o enfoque de marketing interno já não pode ser ignorado por nenhuma empresa. É quase uma demanda social, e em breve deixará de ser algo diferenciador entre as empresas: a empresa que não estiver nesse contexto simplesmente deixará de existir.

Conselho da vovozinha

Nossos funcionários não são um mal necessário para produzir e vender; são nossos aliados imprescindíveis, e quanto melhores e mais competentes forem, e mais motivados estiverem, melhores serão nossos resultados. No fundo, cada empresa escolhe onde se situa nessa simples regra de três.

Mas vamos tomar a liberdade de acrescentar só algumas palavras para, abstraindo-nos dos argumentos mais ou menos conceituais que expusemos, fundamentar o que dissemos e a necessidade de fazê-lo na lógica de experiência de qualquer diretor das empresas que conhecemos:

1. A empresa, conscientemente ou não, delega a seus colaboradores ou funcionários o fator-chave da obtenção de resultados: o contato e a gestão do cliente final.
2. Essa descentralização da responsabilidade, para que se oriente no sentido que a empresa quer e necessita, precisa ser dirigida pela própria empresa. Não fazer isso implica riscos excessivamente elevados em comparação com as vantagens de fazê-lo. Ou seja, a empresa deve instruir, formar, informar e educar seus funcionários sobre os segredos do modelo de serviço que quer oferecer a seus clientes. Deve mostrar iniciativa nesse propósito, para que não dê margem para a livre interpretação de cada funcionário acerca de como materializar esse serviço. Deve homogeneizá-lo. Para isso, é necessário tornar operativo, concretizar, especificar e decidir cada aspecto do serviço: como dirigir-se ao cliente, o tratamento, o jeito de se vestir, como superar suas objeções, como gerir o conflito, as queixas etc.
3. A orientação ao mercado e ao cliente exige, como contrapartida necessária, uma orientação clara aos nossos colaboradores ou funcionários. Isto é, não faz sentido desenvolver políticas de clientes, de marketing externo, de mercado etc. se não estabelecermos, de forma paralela e concordante, políticas de desenvolvimento de nossas equipes humanas, de nossos recursos humanos (e não só das

equipes de vendas). Essas equipes é que aplicarão as políticas e, portanto, propiciarão seu sucesso ou fracasso. Sob esse enfoque, as decisões e as mudanças introduzidas nas políticas da companhia, tanto em políticas comerciais quanto de recursos humanos, se fundamentarão no fator pessoa, tanto do ponto de vista externo (cliente) quanto do ponto de vista interno (funcionário). Esta deve ser a chave da cultura da empresa nos dois enfoques:

NOSSOS MERCADOS SÃO AS PESSOAS.

Mas é óbvio, como já apontamos, que toda a organização deve estar alinhada com essa orientação; toda a organização, desde a direção-geral ou a gerência até o último departamento e indivíduo da empresa, deve estar alinhada a esse enfoque. Sua própria essência se manifestará nesse sentido. Não é aceitável nem coerente atender com perfeição os nossos clientes no ponto de venda e ter um serviço pós-venda ou um guichê que os atenda com desleixo, desdém ou desinteresse. Como se sua guerra fosse outra: ninguém é indiferente ao cliente final, faça o que fizer na empresa.

Para conseguir alinhar tudo isso na mesma direção, pode ser necessário, inclusive, redefinir a MISSÃO e a VISÃO da empresa, para que tudo, absolutamente tudo, fique impregnado de orientação ao cliente. O foco no cliente deve obrigatoriamente gerar uma mudança de atitude nas pessoas e na própria organização. Faremos uma referência mais detalhada a esse ponto daqui a pouco.

Voltemos então ao exemplo da loja de eletrodomésticos para retomar mais algumas explicações sobre o que ocorreu ali.

Notemos que, caso o marketing interno tivesse sido adotado, o cliente teria sido abordado por duas frentes diferentes: de um lado, o marketing externo (por meio de uma política de comunicação que teria gerado determinadas expectativas no mercado), e, de outro, o marketing interno (por meio do vendedor que atendeu ao cliente). Graficamente, essa constatação poderia estar explicada como mostra a figura 10:

FIGURA 10

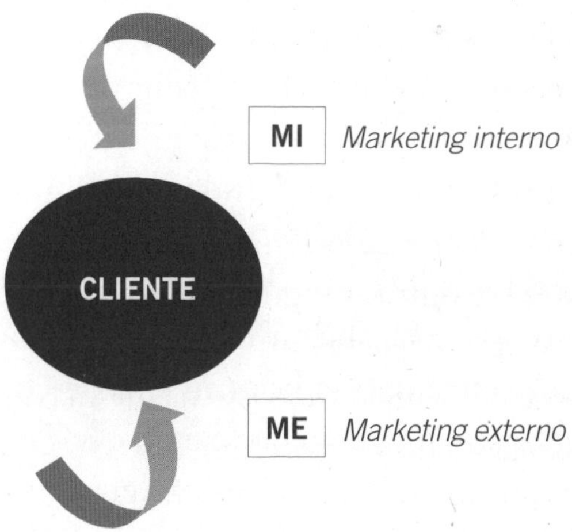

Com base nessa concepção mais complexa do relacionamento das empresas com seus clientes ou funcionários, de forma bidirecional, podemos concluir que as atuações em termos de marketing têm uma dupla orientação, com um epicentro absolutamente vital, que é esse funcionário. As atuações internas da empresa em termos de marketing interno e/ou de recursos humanos chegam ao funcionário, e, ao mesmo tempo, ele é o ponto de recepção do cliente que foi abordado pela empresa por meio do marketing externo. Isso poderia ser expresso assim (figura 11):

FIGURA 11

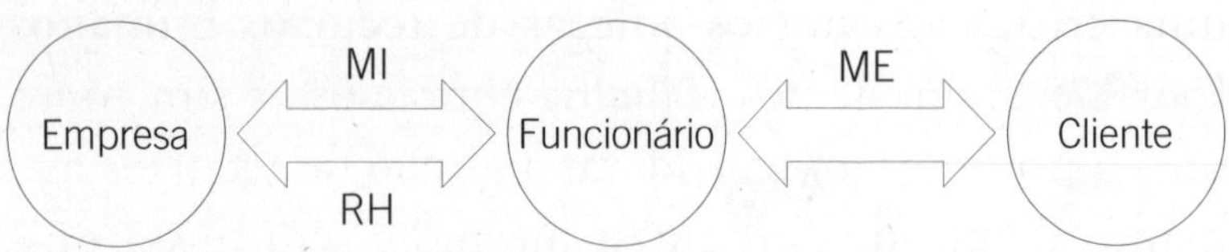

Isso quer dizer que, a partir de agora, com essa visão de marketing interno na mão, torna-se necessária a reinterpretação do papel e da forma de dirigir da área de recursos humanos, posto que se estabelece um novo componente a somar às suas ferramentas tradicionais e novas contribuições a integrar, provenientes desse novo ator, que é o marketing.

Agora será factível aplicar estratégias e políticas de gestão de recursos humanos que sustentem essa revalorização dos funcionários em um papel diferente e mais focado no cliente do que havia sido até então. Aliás, sem essas estratégias e políticas implementadas, será impossível avaliar todas as capacidades dos funcionários com o objetivo de gerar, simultaneamente valor sustentável ao longo do tempo para nossos clientes. Aspectos como a motivação, o compromisso com nossos colaboradores, o clima de trabalho, a fidelização dos funcionários e a detecção e desenvolvimento dos mais capacitados e, em termos de atitudes, mais alinhados com os objetivos da companhia representam importantes áreas a serem desenvolvidas para o departamento de recursos humanos das empresas. E isso vale não só para as empresas maiores, mas também para as de tamanho médio e pequeno.

Não gostaríamos que nossas palavras soassem como uma crítica aos nossos colegas de recursos humanos (por Deus, um de nós trabalha com isso!), e sim como uma autorreflexão: considerar a gestão de recursos humanos como um fim em si mesmo é, em nossa opinião, esquecer algo essencial, que é o fato de que esses recursos são um meio colocado à disposição da empresa para alcançar os objetivos de vendas, crescimento, rentabilidade e sobrevivência no mercado. Ou seja, parafraseando uma expressão muito conhecida, poderíamos dizer que os recursos humanos são coisa muito importante para serem deixados só nas mãos dos diretores de recursos humanos.

Vamos ainda além. Com tudo isso, não queremos criar uma nova polêmica na correlação de forças dentro da empresa. Em outras palavras, não se trata de decidir se quem "manda" é o departamento de recursos humanos ou o de marketing. Trata-se apenas de decidir o enfoque que queremos dar à nossa gestão de recursos humanos.

Em geral, essa área não "fala" a língua que um diretor-geral, um gerente ou um dono de empresa gosta de ouvir. Essas pessoas tendem a entender melhor o "idioma" falado por um diretor financeiro, um contador, até mesmo uma pessoa de marketing. E isso acontece porque nós, "o pessoal do RH", não soubemos encontrar a fórmula mágica para nos conectarmos com a realidade financeira e a dinâmica comercial e de vendas das empresas.

Talvez tenhamos pensado que, gerando um discurso "próprio", "nosso", garantiríamos a relevância do nosso trabalho. Mas é exatamente o contrário. Esse diretor-geral, gerente ou proprietário se entende melhor com quem fala uma linguagem próxima das quantidades, dos números, do mercado, dos clientes, das vendas etc. Por isso, pedimos aqui que a função de recursos humanos seja enriquecida com a colaboração do marketing, para poder mudar um pouco o seu discurso e seu enfoque e imbricar-se mais no tecido da empresa. É só isso. Nada mais e nada menos. Trata-se de enfoque, não de poder. Quem não quiser entender assim, estará equivocado quanto à intenção que nos leva a defender esta posição.

Conselho da vovozinha

O marketing interno oferece aos recursos humanos o contexto sobre onde atuar e a visão para fazê-lo, além de algumas técnicas. O marketing interno não substitui a gestão de recursos humanos, só a enriquece.

Dessa maneira, a área de recursos humanos deve impor a si mesma novos desafios; novos não tanto por sua natureza, mas no sentido de trabalhar muitos objetivos de que já dispõe, mas com uma nova orientação ou enfoque.

Assim, com o enfoque que o conceito de marketing interno nos oferece, poderíamos reinventar objetivos tradicionais para dotá-los de uma perspectiva que forneça ao colaborador ou funcionário novas e compreensíveis razões para atuar. Temos aqui alguns exemplos:

1. Definir as funções com base no impacto nos resultados e em termos de contribuição para o objetivo geral de atendimento ao cliente, seja ele externo ou interno.
2. Estabelecer políticas de compensação que verdadeiramente equilibrem o esforço e a dificuldade das funções realizadas com a contribuição aos resultados da empresa e ao objetivo de atendimento ao cliente, tanto externo quanto interno.
3. E, indo além da simples compensação, traçar políticas de retenção dos funcionários, principalmente dos mais comprometidos e capazes (rentáveis). O

valor estratégico de todos os recursos humanos, principalmente dos de maior qualidade, é algo absolutamente imenso, quase impagável, e precisa ser tratado e preservado como tal.

4. Implementar políticas de formação que garantam a geração de líderes capazes de dirigir essa orientação da empresa com base na motivação, no desenvolvimento de capacidades e no compromisso entre seus colaboradores, e não só com a visão de obtenção de resultados em curto prazo.
5. Transformar sua própria imagem, fazendo-a sair da posição de "controle" a que muitas vezes os funcionários a submetem, recontextualizando-a como *partner* ou sócio, o que seria necessário para alcançar, qualitativamente, os objetivos de mercado a que a empresa visa.

Provavelmente, sob uma perspectiva mais global, o novo enfoque de recursos humanos que estamos defendendo poderá se resumir à necessidade de assumir metas um pouco diferentes das atuais para situar essa função, definitivamente, na órbita de conexão real com outras áreas funcionais da empresa. Temos convicção de que esse novo papel não está vigente em muitas empresas que conhecemos.

Especificamente, falamos de desafios como os especificados no esquema a seguir:

CONHECIMENTO DO NEGÓCIO

ORIENTAÇÃO AO CLIENTE INTERNO

ENFOQUE ESTRATÉGICO

REFORÇO DA COMUNICAÇÃO

Consideramos, ainda, que devemos acrescentar a tudo isso um novo fator de caráter conceitual, que implicaria, por sua vez, uma mudança de caráter operacional em toda essa rede. Estamos nos referindo à necessária conexão entre recursos humanos e marketing interno, entre a aplicação de qualquer política de gestão de clientes (externos e internos) e a MISSÃO da empresa. Já havíamos comentado isso algumas páginas antes.

E por quê? Porque na MISSÃO está a essência do que queremos ser, e, portanto, ela nos oferece o destino para trabalhar o modo de conseguir isso. Essa MISSÃO é a que dá rumo e norte tanto ao marketing interno quanto ao RH, em todas essas atuações operacionais, em nossas políticas, em nosso dia a dia.

E, além disso, até mesmo a elaboração e definição dos objetivos de cada função devem estar contempladas nessa MISSÃO, talvez abandonando as visões estreitas que se haviam desenvolvido com o Direcionamento por Objetivos, e buscando maior consonância entre as posições para poder sustentar melhor a ideia dos clientes internos e, portanto, de missões compartilhadas (Cardona e Rey, 2005). É no desenvolvimento e na potencialização desse enfoque que o conceito de cliente interno se expande, não só sob a perspectiva empresarial, mas também sob o ponto de vista dos próprios funcionários: o cliente interno se situa ao lado de cada um de nós, e devemos encaixar nossa execução e atuação com as deles para produzir o valor final que se espera. E, portanto, também será necessário focar esse trabalho sob o prisma da satisfação das necessidades desse cliente interno.

Com essa nova percepção e materialização das políticas de recursos humanos, a figura 9 (onde estabelecemos uma sequência clara entre clima de trabalho, atendimento ao cliente, satisfação do cliente e resultados econômicos da empresa) pode ser reformulada para incorporar esses novos elementos relativos à consideração da MISSÃO e seus efeitos específicos na gestão de marketing interno e RH. Assim, obteremos uma nova expressão, mostrada na figura 12.

Contudo, restaria ainda uma discussão a ser abordada, referente a qual área, dentro da empresa, exerceria o controle dessa nova "função" que estamos apoiando: seria o RH? Deveria ser a área de comunicação interna? Ou seria uma nova área estrutural da empresa? Do nosso ponto de vista, a resposta é, talvez, pouco importante, e não merece muita perda de tempo. Para nós, trata-se mais de um

FIGURA 12

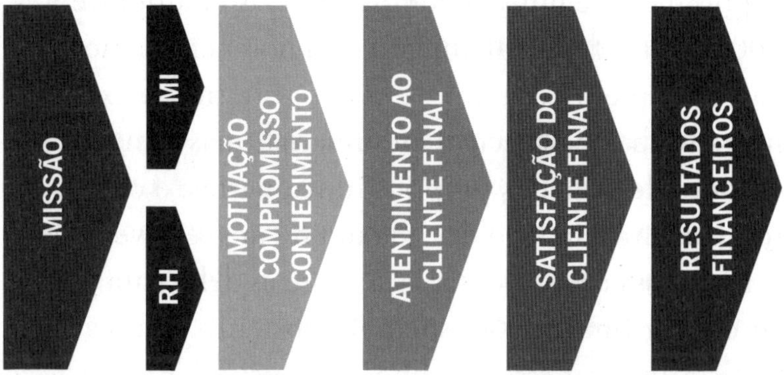

enfoque que de uma estrutura, um pouco mais de filosofia que de pessoas ou funções. Algo que deve adquirir caráter estratégico, algo que deve "calar fundo" em toda a organização, e que, como enfoque estratégico, deve ser avalizado, fomentado, promovido, defendido e desenvolvido pela direção-geral, pela gerência, pelo proprietário, pelo sócio majoritário ou por quem tome esse tipo de decisão na empresa. Discutir retoricamente sobre essa situação não leva a nada. Seja quem for que materialize essa nova orientação interna da empresa, deve ter essa visão estratégica que lhe conferimos, contar com o apoio da mais alta hierarquia e executá-la com a maior coordenação interna, para garantir seu sucesso e sua projeção sobre nossos clientes.

Agora, gostaríamos de retomar a pergunta que havíamos feito no início desta segunda parte do livro, porque queremos ter certeza de que nossa mensagem foi captada e entendida perfeitamente: quantos tipos de cliente tem uma empresa?

Seguindo o fio argumentativo iniciado neste tópico, talvez faça sentido nos concentrarmos agora em um aspecto que particularmente nos preocupa e que pudemos ver que costuma ser (quando não está bem resolvido) origem de problemas posteriores de gestão.

2.3. Como equilibramos o marketing externo e o marketing interno?

Essa preocupação refere-se de maneira específica ao equilíbrio que, em nossa opinião, deve necessariamente existir entre marketing externo e marketing interno. Ou seja, diz respeito à necessidade de manter a proporcionalidade entre uma e outra estratégia de gestão para resultados adequados de ambas e um impacto controlado sobre o cliente. Não é recomendável conceber essas duas estratégias de forma separada e autônoma, porque, como já comentamos, ambas têm origem e destino no cliente e, portanto, devem se alinhar perfeitamente em volta dessa coluna vertebral que lhes dá sentido.

Talvez possamos explicar melhor o que estamos tentando dizer com a ajuda da figura 13. Permita que façamos isso de uma maneira um tanto indireta, analisando os efeitos combinados e cruzados que podemos obter com o excesso ou a falta de marketing interno ou externo. Para isso, inventamos o que podemos chamar de modelo MIME (marketing interno/marketing externo).

FIGURA 13

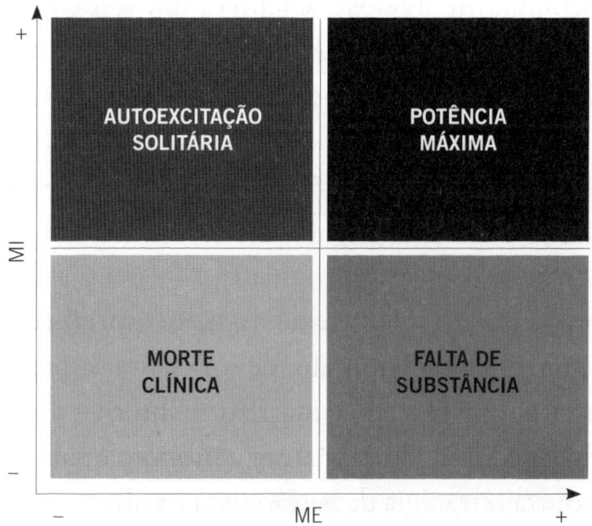

Como devemos interpretar esse quadro que expõe o modelo MIME? Devemos fazê-lo com os olhos voltados para uma empresa específica e uma situação específica (talvez pudesse ser sua própria empresa). Assim, entenderemos melhor.

Em linhas gerais, basta dizer que um excesso de atuações de marketing interno (informação, formação, treinamento, modelos de serviço, qualidade etc.), quando não existem as circunstâncias de atuação externa do marketing da companhia – isto é, quando não há projeção externa para o mercado da companhia e de seus produtos e serviços – só desembocará no que chamaremos de "autoexcitação solitária". Ou seja, ocorrerá um excesso de ativação interna (os recursos internos da empresa) que não encontrará destinatário externo (cliente externo) sobre o qual atuar, porque o mercado não foi abordado nem atraído por nossos produtos ou serviços. A culpa, como dissemos, é da ausência de desenvolvimento de nossas atuações de marketing externo, que não souberam despertar esse mercado. É a típica situação na qual temos uma equipe perfeitamente treinada, informada, motivada e pronta para vender, e os clientes não batem a nossa porta, não sabem o que oferecemos nem podem reconhecer quão bem preparado e alinhado é nosso quadro de funcionários.

No extremo oposto dessa sequência aparece uma situação bem diferente, quando a força de nossa atuação no mercado externo apresentou atividade e ações suficientes para atrair clientes e potenciais clientes para nossos produtos e serviços, mas isso não significou uma ação idêntica em nosso mercado interno (a empresa e seus colaboradores). Aqui criamos um ambiente que definimos como "falta de substância". Certamente, esse é o caso do nosso exemplo da loja de eletrodomésticos: o cliente havia sido atingido pelo impacto das ações de marketing externo (de publicidade *on-line*, para sermos exatos), mas os funcionários não estavam alinhados com essa atuação e decepcionaram o cliente, de modo que, no fim, a venda não se realizou. E assim consuma-se um fracasso empresarial que, caso se repita várias vezes, pode colocar a empresa em uma situação complicada, tanto pelo que faz a suas vendas quanto para a retenção, motivação e satisfação de seus funcionários.

O extremo dessa tendência negativa, que pode resultar no fracasso, ocorre quando, além de se dar a circunstância de ausência de marketing interno (como no caso anterior), a empresa não tem uma posição ativa no mercado por meio de ações de marketing externo de qualquer tipo. Decidimos chamar essa situação de "morte clínica", porque, embora a empresa continue aberta, é uma questão de tempo até que morra, vítima de sua ingerência. Geralmente, esse momento costuma durar dependendo de que tipo de produto, preço, concorrência e posicionamento essa empresa tem no mercado. Mas, invariavelmente, o óbito acontece, coincidindo com o enfraquecimento de uma ou várias dessas variáveis: quando se acabam as ofertas maravilhosas ou quando alguém abre uma loja suficientemente perto da nossa com uma visão mais completa do cliente; ou quando aparece um concorrente que venda mais barato. De qualquer maneira, para usar uma linguagem mais *marketiniana*, isso ocorre quando a estratégia de produto (centrada nos atributos do produto, não nos do cliente) esgota seu percurso.

Evidentemente, a situação ideal se dá quando a empresa desenvolve e aplica, de forma simultânea, duas estratégias de cliente: a estratégia de cliente interno e a de cliente externo. Isso é o que chamamos de "potência máxima", como também poderíamos ter chamado de "a galinha dos ovos de ouro" ou "cornucópia". E não porque implementar ambas as estratégias conceda automaticamente à empresa a garantia de abundância em vendas e lucros, mas porque as empresas que conseguiram, de forma continuada e sustentável, esses lucros e essas vendas, são as que mantiveram – conscientemente ou não, fazendo-o de uma forma científica ou não –, estratégias diferenciadas, próprias e concomitantes voltadas a seus clientes internos e externos. Aqui ocorre algo parecido com o que os advogados e legisladores nos explicam a respeito da lei: sua ignorância não nos exime de seu cumprimento, e muito menos justifica sua violação.

Portanto, deve ficar claro que tanto o marketing externo quanto o marketing interno são praticamente um contínuo indissociável. Não é possível conceber um sem o outro. Há quem pense que primeiro devemos construir a orientação interna para poder garantir uma saída triunfante para o exterior. Cabré e Martorell, em seu magnífico livro sobre *InBranding*, mencionam o caso do conselheiro delegado da HLC Technologies, uma empresa indiana que em 2005 implementou uma nova orientação, denominada "*Employee First. Customer Second*" (Funcionários primeiro. Cliente depois). Essa ideia lhe valeu o reconhecimento por parte da revista *Fortune* como a "ideia de gestão mais moderna do mundo" em 2008. Essa filosofia parte de um princípio muito básico, mas revolucionário e poderoso, para reorientar nossas empresas e nossas políticas: nosso primeiro cliente é nosso funcionário.

E essa afirmação não sai de graça para os profissionais do marketing: eles também terão de fazer coisas novas e pensar em um novo mercado – o interno. Com isso, eles devem conseguir tornar possível o que estamos reforçando desde o início do capítulo: que temos dois tipos de clientes e que ambos requerem atenção diferenciada e especializada para transformar nossa companhia em um caminho contínuo entre um e outro, e, assim, alcançar maior orientação ao mercado externo – e de mais qualidade. Só dessa maneira garantiremos nossa sobrevivência e relevância dentro do mercado e diante de nossos concorrentes. Como antes fizemos com o departamento de recursos humanos, agora também exigimos do departamento de marketing mais atenção a esse "novo" (não é novo, embora o tenhamos descoberto há pouco tempo) cliente interno, e também mais atenção diferencial.

2.4. Alguns exemplos

Podemos ainda acrescentar alguns exemplos reais, tirados da prática diária do nosso mercado, para ilustrar e reforçar melhor os conceitos que estamos abordando acerca de marketing interno e externo, e a mais que necessária ligação desses dois conceitos para potencializar melhor as capacidades de nossa empresa.

Esses exemplos começam com a exposição de algumas atuações de marketing externo mais ou menos chamativas (pelo menos para nós, pareceram especiais) e continuarão mais adiante com certa exploração daquilo que, em termos de marketing interno, são, na realidade, as empresas protagonistas. Veremos, portanto, se existe coerência entre uma atuação e outra e até que ponto a atuação de marketing externo tem relação com a aplicação de determinadas políticas diferenciadoras das empresas em questão e que podem supor uma materialização de aspectos que trataremos a seguir.

O primeiro exemplo faz referência a um produto bastante familiar, presente com certeza em muitos lares. Estamos nos referindo ao Loctite Super Bonder, fabricado pela multinacional Henkel. Desde 2006, essa empresa começou a utilizar em sua publicidade na Espanha o ícone da marca Mr. Loctite, que, pendurado pelos pés, mostrava, de forma impactante, a força instantânea de adesão reconhecida como sua qualidade mais destacada.

Mais tarde, na campanha do Dia dos Namorados de 2007, a marca deu um passo adiante e mostrou alguns figurantes anônimos literalmente "pendurados por amor"* por causa de dois atores de televisão em destaque naquele momento. Assim, dessa forma tão original, o líder absoluto do mercado de colas instantâneas celebrava a data.

---

* Em espanhol, *colgado* (pendurado), em sentido figurado, significa dependente, viciado, e alguém *colgado* de amor seria totalmente apaixonado. Por isso o impacto e o sentido na campanha publicitária espanhola. (N. T.)

Enfatizando a comunicação nos valores da marca (a força instantânea), a campanha publicitária de 2008 mostrava Alain Robert (também conhecido como o Spiderman francês) escalando 13 andares de um edifício em Madri contando apenas com suas próprias mãos e pés. Ao terminar a escalada, ficou pendurado de cabeça para baixo, imitando o ícone da marca.

Mas a melhor iniciativa aconteceu no início de 2009, quando parte do pessoal da divisão de adesivos dessa multinacional (inclusive o diretor de vendas e a diretora de marketing) literalmente se pendurou do teto para recriar, de maneira absolutamente voluntária, um anúncio publicitário ambientado nos vagões de metrô de Madri e Barcelona. Essa experiência, sugerida pelo próprio departamento de marketing da marca, conseguiu envolver seus integrantes de forma pessoal para demonstrar seu comprometimento na afirmação das características e da qualidade do produto em questão: sua resistência extrema.

É um exemplo curioso e até simpático, que reproduzimos a seguir (figura 14), e que nos parece estar de acordo com o que estamos tratando neste tópico.

E que segredos de gestão interna de pessoas e de tipo cultural há por trás disso tudo? É somente uma excentricidade do departamento de marketing sem conexão com o resto da empresa, ou há algo mais "transcendental" por trás de tudo isso?

Para abordar esse tema, talvez seja conveniente começar sintetizando dados que nos situem no âmbito histórico e no contexto de dimensões da divisão ibérica da Henkel.

FIGURA 14

Anúncio de produto Super Bonder, da Loctite

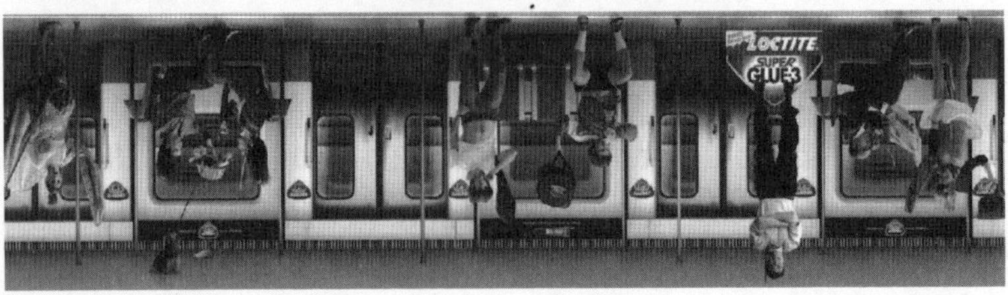

Com certeza, essa contextualização tornará mais compreensível tudo que vem a seguir.

A Henkel é uma empresa de origem alemã, nascida há 133 anos, e que ainda hoje pode ser considerada, culturalmente, uma empresa de base familiar, apesar de suas dimensões. Hoje, quem a comanda é a quinta geração da mesma família que a fundou. A Henkel tem presença mundial, em 125 países, e seu corpo de funcionários conta com cerca de 52 mil pessoas. Está presente na Espanha desde 1961, e atualmente emprega cerca de 1.300 pessoas distribuídas em três fábricas e cinco centros de distribuição, além de um núcleo corporativo situado em Barcelona.

Talvez, o caráter familiar de sua representatividade no mais alto nível da gestão da companhia (apesar de sua obrigatória profissionalização em todos os níveis de gestão operacional, industrial e comercial), mantido de forma ininterrupta desde sua fundação, seja, *per se*, uma chave importante que nos dá claramente a ideia de durabilidade do projeto empresarial. E esse é um aspecto que, segundo Françesc Beltrán, vice-presidente de recursos humanos da

Henkel, determina de maneira crítica outros aspectos de gestão, baseados nessa filosofia:

- uma visão de médio e longo prazo, mais do que uma obsessão pelo resultado em curto prazo;
- uma permanência média de suas equipes bastante elevada, apesar do caráter multinacional de seu corpo de funcionários por conta dessa presença global;
- uma rotatividade de profissionais relativamente baixa, como consequência do item anterior;
- uma estruturação muito clara do plano de carreira de seus diretores, o que permite que saibam o que os espera até atingirem o nível máximo de desenvolvimento em uma divisão;
- uma cultura de liderança baseada em parâmetros de conhecimento e competências técnicas, mais do que em parâmetros de tipo emocional do líder (empatia, resolução, capacidade comunicativa etc.), e em qualidade e consistência. Algo, por outro lado, muito em consonância com uma cultura centro-europeia, e que contrasta com as características mais mediterrâneas e latinas de liderança às quais estamos acostumados.

Tudo isso possibilita um ambiente no qual o funcionário se sente protegido, familiarizado e acolhido apesar do porte do grupo empresarial. Além disso, o fato de todos os aspectos de seu desenvolvimento profissional e social dentro da companhia estarem oficialmente descritos aumenta a sensação de saber o que os espera e gera uma alta porcentagem de funcionários fidelizados.

Basta consultar a lista de valores da Henkel no site da empresa para ver a que estamos nos referindo e como fica evidente o que comentamos: "Estamos orientados aos nossos clientes. Desenvolvemos marcas e tecnologias superiores. Aspiramos à excelência na qualidade. Nós nos esforçamos para inovar. Adaptamo-nos à mudança. Temos sucesso graças a nossa gente. Estamos comprometidos com nossos acionistas. Cuidamos do meio ambiente e temos responsabilidade social corporativa. Comunicamo-nos aberta e ativamente. Conservamos a tradição de uma empresa familiar aberta".

O mesmo aconteceria se analisássemos seu Código de Trabalho em Equipe e Liderança, fonte de inspiração para o comportamento de seus diretores: "Inspirar confiança. Estabelecer objetivos. Designar tarefas e delegar decisões. Convencer e motivar. Atingir objetivos e avaliar rendimentos. E liderar com o exemplo".

E, finalmente, também podemos encontrar o mesmo fio condutor nas atuações anuais sobre a busca constante de inovação e qualidade, e que leva toda a empresa a propor, a cada ano, desafios de participação a seus colaboradores ao redor de alguma ideia motriz comum para todos os centros de trabalho distribuídos pelo mundo. Em 2010, as propostas e contribuições dos funcionários foram organizadas ao redor do conceito "Global team: winning together" ["Time global: vencendo juntos"].

É nesse âmbito que cabe situar os funcionários que, em uma campanha publicitária, assumiram em primeira pessoa o papel de representantes dos produtos que fabricam e demonstraram a veracidade das qualidades que anunciam.

Como se pode concluir, e apesar da visão absolutamente genérica que utilizamos, existe uma forte consistência interna entre as políticas de gestão de recursos humanos, os valores e as práticas das divisões dessa macroempresa, uma consistência que torna coerente, e diríamos até "normal", a implicação de seus executivos de marketing na publicidade dos produtos que sua empresa fabrica.

Mas poderíamos acrescentar muitos outros exemplos e casos, dos mais ousados aos mais originais. Vamos nos permitir, entre todos eles, acrescentar um que particularmente nos parece interessante e que foi até acompanhado de certa polêmica.

Referimo-nos a uma campanha do Natal de 2009 denominada "Vueling together", da companhia aérea espanhola Vueling. Consiste em uma felicitação pensada sob uma ótica de difusão viral (expansão de pessoa a pessoa) e rodada sob o conceito *lipdub*. O termo *lipdub* surgiu nos Estados Unidos há apenas cinco anos, criado por Jake Lodwick, fundador da Vimeo (rede social similar ao YouTube, criada no final de 2004 para compartilhar vídeos na Internet). Lodwick gravou a si mesmo enquanto caminhava pela rua e fingia cantar uma canção em *playback*. Foi uma sequência sem cortes, a qual ele posteriormente editou e sobre a qual gravou um tema original. O resultado foi o primeiro vídeo gravado com essa técnica denominada *lipdub* (dublagem de lábios, em uma tradução mais ou menos ortodoxa do inglês).

O passo seguinte foi uma explosão de vídeos com essas características na rede*, realizados tanto por particulares como por empresas, a ponto de uma busca rápida nos oferecer um sem-fim de resultados. Um dos mais famosos foi o vídeo promocional da Universidade do Quebec protagonizado por seus alunos, usando a famosa canção "I Gotta Feeling" do grupo norte-americano Black Eyed Peas. E foi com esse vídeo que nosso exemplo da Vueling (figura 15) foi comparado. A ponto de a agência barcelonesa Úbica (responsável pela invenção) ter sido acusada de plágio. Ela se pronunciou em seu blog, com um tom bastante didático "Permitam-nos explicar isso antes de nos criticarem". Vale uma visita ao blog para conferir a campanha.

FIGURA 15

Fotograma do vídeo da "Vueling together"

* No Brasil, o videoclipe "Oração", do grupo A Banda Mais Bonita da Cidade, utilizou a mesma técnica, e foi sucesso na Internet e na TV em 2011. (N. R.)

De qualquer maneira, independentemente das polêmicas geradas, o vídeo da Vueling teve – como se pretendia – uma repercussão espetacular, a ponto de, poucos dias depois de ser publicada no site da empresa, ter recebido cerca de 100 mil visitas.

Essa produção contém todos os elementos de marketing interno que fomos apresentando ao longo destas páginas, e que podem ser resumidos em dois pontos críticos:

1. Transmite valores de proximidade, naturalidade, descontração e inovação que são próprios da Vueling e que se reproduzem em seu estilo particular de ver o mercado, seus clientes e, como não, seus funcionários.
2. Significa a consagração de seus colaboradores internos como cúmplices dessa visão, a ponto de transformarem sua própria imagem em imagem da empresa e, por meio dela, venderem-na ao mercado. É a simbiose entre marketing externo e interno que vimos apoiando ao longo das páginas deste capítulo.

Mas o que há por trás desse vídeo? Que políticas de recursos humanos essa companhia abriga e que elementos de gestão podem explicar o fato de que na participação de seus funcionários há algo mais que simples diversão?

Para nos situarmos, a Vueling é o resultado da fusão de duas recém-formadas companhias aéreas espanholas: a Clickair e a própria Vueling, criadas sob o enfoque de *low cost* para competir com as companhias tradicionais. Essa fusão ocorreu, operacionalmente falando, em 2009, e a Iberia tem uma presença significativa nela, com quase 46% das ações. Possui cerca de 1.300 funcionários, dos quais cerca de mil fazem parte do operacional (de voo, fundamentalmente), e o restante, cerca de trezentos, são corpo de funcionários do centro corporativo de gestão, segundo dados fornecidos por Josep Lluís Tapia, diretor de recursos humanos da companhia. A média de idade dos funcionários é de 32 anos, e entre eles há uma presença significativa de pessoas de outros países, o que implica uma necessidade de integração cultural, ou simplesmente de buscar uma identidade corporativa comum.

Os traços característicos da nova companhia, e onde suas políticas de gestão de pessoas se fundamentam, são:

- organograma muito plano, com acesso direto de qualquer colaborador da companhia ao nível máximo;
- comunicação marcada pela proximidade (todos se tratam por "você" sempre, e entre todos os níveis);
- clima de inovação e dinamismo constante e em todos os âmbitos, como marca de toda a empresa;
- os valores explicitados pela empresa dão cobertura e coerência a isso tudo (*open mind*, *high quality*, *low cost*, transparência e entusiasmo);
- princípios da gestão de clientes baseados na proximidade e na empatia (Escute-o, Pergunte, Conheça-o e Sinta).

Com traços culturais como esses, com um quadro de funcionários de alta rotação em razão da idade, o próprio setor e a transculturalidade, parece lógico e compreensível que, partindo de uma sugestão do departamento de marketing e do RH para expressar o que é e como seus colaboradores entendem a companhia, estes tenham reagido como reagiram e mostrado, de uma forma tão descontraída, todo esse sentimento. Apesar, inclusive, de a gravação do vídeo ter sido feita em um domingo.

O resultado de tudo isso significou um reforço no trabalho de integração cultural e de pessoas entre as duas companhias poucos meses depois da fusão corporativa. Esse é um fator crítico que deve ser trabalhado com grande afinco (dizemos isso por experiência própria), sem poupar esforços para acelerar a superação de uma fusão traumática e positivá-la quanto antes, para retornar ao objetivo fundamental de toda companhia: trabalhar pelos resultados e pela durabilidade do negócio buscando ser melhor que a concorrência no serviço prestado ao cliente.

Ao mesmo tempo, comenta o próprio Josep Lluís Tapia: "A partir da representação cênica da convivência de pessoas e culturas naquele domingo de novembro de 2009, começou a se dar a verdadeira integração. O 'Vueling together' gerou, por exemplo, um grupo de ação social, que, integrado por membros de todos os níveis da companhia, caminha independentemente por meio de ações motivadoras de participação, esportivas e de convivência, que ajudaram – e continuam ajudando – a consolidar o espírito Vueling como fator de aglutinamento e coesão de todos os seus membros".

A Vueling segue seu processo de reforço e materialização da nova cultura corporativa e trabalha para que sua vantagem competitiva (baseada, principalmente, em tornar compatíveis preços baixos com o fato de operar nos principais aeroportos de cada região) se traduza também na criação de um ambiente corporativo atraente, para o mercado de potenciais funcionários e para a limitação da rotação (algo quase natural quando se tem projeção internacional e uma equipe de funcionários jovens), bem como para a retenção dos atuais trabalhadores. Nós desejamos sucesso a eles.

E, como estes, temos variados e interessantes exemplos de outras empresas espanholas que avançaram nessa linha de publicidade com o envolvimento dos funcionários, desde entidades financeiras, como Caja Navarra (sem *lipdub*, mas com a presença de altos diretores da entidade em um corajoso e descontraído vídeo natalino), a Faculdade de Comunicação da Universidade de Navarra (esta sim com *lipdub*, recebendo, em pouco tempo, 15 mil visitas), a Citroën Espanha (que organizou um concurso aberto para fazer propaganda de um dos seus modelos utilizando *lipdub*) ou a Universidade Europeia Miguel de Cervantes de Valladolid, entre outros. São poucos casos ainda, proporcionalmente ao número dos que existem fora das fronteiras espanholas, mas em fase crescente.

Pois bem, vamos rapidamente esclarecer algo bastante importante (com certeza você já pensou nisso faz tempo): ter um vídeo na internet, no qual um grupo de funcionários divertidos – uns mais, uns menos – fazem *playback* e dançam – uns bem, outros mal – uma canção dessas que "grudam" na cabeça, ou contam alguma história engraçada, não é em absoluto um passaporte automático para entrar no mundo das empresas ou organizações que desenvolveram um verdadeiro marketing interno. Isso é algo muito mais importante, complexo e comprometido que comporta aspectos estratégicos de certa envergadura. É verdade também, por outro lado, que, se os funcionários não se identificarem realmente com uma ideia da empresa, não se prestarão à brincadeira de uma publicidade corporativa, por mais divertida e original que seja (cada vez será menos, provavelmente). Mas daí a pensar que com isso se estruturou uma política de recursos humanos e comunicação realmente focada no cliente interno, há uma grande diferença.

Portanto, a pergunta lógica que podemos propor a seguir é: o que essas empresas que usamos como exemplo fizeram no terreno do marketing interno? A coisa vai além, como dizíamos, do elemento da publicidade. Em que inovaram, ou em que melhoraram as políticas de recursos humanos? A liderança desenvolvida nessas empresas tem matizes próprios e particulares que a aproximam da ideia de cliente interno? Enfim, desenvolveram seu marketing interno mais que outras empresas? Porque o marketing externo, como vimos, foi fortalecido com inovação.

Apesar de termos sido muito sintéticos, por uma óbvia necessidade de comprimir os exemplos, acreditamos que abordamos todas as perguntas levantadas agora, o suficiente para ver respostas diferenciais da Vueling e da Henkel a cada uma delas e, em geral, em suas políticas de gestão de pessoas, que valoramos qualitativamente de forma muito positiva. Porém, se de algo podemos dar fé aos nossos leitores, é de que essas empresas dedicam grandes esforços ao âmbito da comunicação, posto que, como veremos a seguir, não existe mudança possível nesse terreno e na própria concepção do marketing interno se não for aliada à comunicação.

2.5. A chave do marketing interno: a comunicação

Se há algo absolutamente crucial no planejamento de uma estratégia de marketing interno é, como dissemos, a comunicação. É algo lógico quando estamos falando, no fundo, de dirigir pessoas, suas motivações, sua implicação pessoal na empresa e seu compromisso.

Não obstante, esclarecemos que, embora possamos dar a sensação de que falamos de "comunicação" como algo apenas ao alcance das grandes companhias, novamente não é disso que se trata. A comunicação é algo que pode e deve ser assumido e praticado independentemente do tamanho da empresa. Pode ser realizada e utilizada fora dessa dimensão, e esta não pode ser uma desculpa para não a desenvolver, potencializar e melhorar quantitativa e qualitativamente.

Os objetivos de uma comunicação interna eficaz devem permitir cobrir as seguintes necessidades:

- alinhar todos os componentes da empresa (desde o primeiro nível da direção até os comandos intermediários e funcionários, próprios e alheios, que prestem serviços em nossa casa) nas prioridades e objetivos básicos dessa política de comunicação. Todos eles deverão compartilhar seus conteúdos, prioridades, finalidades, fórmulas e canais que a empresa considere adequados em cada caso;
- veicular, de maneira homogênea, as mensagens corporativas para que cheguem igualmente a todos os componentes da organização no que diz respeito ao seu conteúdo e sua intensidade;
- facilitar e aumentar a coordenação interfuncional entre departamentos ou unidades da empresa com base em seus objetivos comerciais e estratégicos;
- evitar a difusão de rumores e a geração de incertezas sobre os aspectos essenciais que afetam a empresa e seus clientes, tanto internos quanto externos.

Não podemos esquecer que, quando falamos de comunicação, falamos de permitir, potencializar e aproveitar, de forma bilateral, a informação; de possibilitar a retroalimentação dos conteúdos e da utilização bidirecional dos canais de comunicação. Os experts falam de *comunicação ascendente* (do funcionário para a gerência) e de *comunicação descendente* (da gerência para o restante da empresa) quando se referem a isso. De nossa parte, preferimos também acrescentar a *comunicação transversal* como mais uma forma de comunicação, já que seu desenvolvimento na relação interdepartamental também é fundamental para completar essa visão integral que estamos defendendo. Do contrário, não poderemos falar de comunicação, mas simplesmente de distribuição de informação. Acreditamos que deveríamos nos aprofundar mais nessa diferenciação, visto que é fundamental para focar de maneira adequada nossa visão sobre algo que, como dissemos, atua como condição *sine qua non* do enfoque estratégico do marketing interno. Para isso, vamos utilizar a figura 16 a seguir:

FIGURA 16

COMUNICAÇÃO INTERNA	DISTRIBUIÇÃO DE INFORMAÇÃO
Multidirecional	Unidirecional (descendente)
Participativa	Individual
Não tem sentido sem estratégia	Não precisa de estratégia
Colegiada	Pessoal
Vinculada à cultura organizacional	Não requer vinculação a nada

Como dizíamos, a comunicação interna é, por exigência do roteiro do enfoque de marketing interno, algo multidirecional, expansivo, ao contrário do que ocorre com a simples informação, gerada majoritariamente em um sentido descendente, da gerência para os funcionários ou do chefe de departamento para seus colaboradores imediatos. Portanto, enquanto a comunicação interna – entendida como interativa – facilita e até suscita a participação e a potencialização de ideias, sugestões e opiniões para melhorar processos ou a interação com o cliente, quando apenas informamos pretendemos somente que nossos colaboradores ouçam a mensagem e, no máximo, *tenham ciência* dela. Não esperamos o retorno nem o debate. Em muitos casos, ainda, essa informação tende a ser oferecida de forma individual (por e-mail, de forma verbal ou por meio de quadro de anúncios, de circulares etc.), unidirecionalmente, talvez como uma forma implícita de negação do retorno.

Em uma fase de desenvolvimento maduro, a comunicação interna não terá sentido se for alheia a uma estratégia de marketing interno. Ou seja, é inconcebível traçar a estratégia de comunicação de um lado e a de marketing interno de outro. Principalmente quando nosso enfoque de empresa pretende ser global, isto é, quando visamos desenvolver um enfoque que contemple, de forma simultânea e integrada, o cliente interno e o externo. Agindo assim, daríamos à comunicação o papel estratégico que merece dentro da empresa. Outra coisa bem diferente é o que poderíamos chamar de simples distribuição de informação; um ato rotineiro, quase burocrático, que não serve de estratégia porque não vai além de informar e explicar.

A comunicação interna requer a participação colegiada de todos os níveis de direção e gerência da empresa para sua aplicação e aproveitamento e para o processamento do retorno, bem como para o enriquecimento que decorre da participação dos funcionários. Quando uma empresa se limita a informar, o sujeito que informa pode perfeitamente ser um só, uma só mão executora: o gerente, o chefe de fábrica, o encarregado, o chefe de seção, ou seja lá quem for.

Finalmente, quando a comunicação interna está vinculada à estratégia de desenvolvimento do mercado interno da empresa, ela automaticamente está ligada – diríamos que de forma quase inequívoca – a uma cultura, a uma maneira de fazer própria, na qual se encaixa com outros elementos fundamentais de seu *management*. Vamos falar disso em breve. Por outro lado, a distribuição de informação pode existir por si mesma, não vinculada a nenhuma estratégia específica, e sim a uma necessidade prática mais ou menos imediata ou interessada.

Conselho da vovozinha

A comunicação é uma informação enriquecida, ou seja, requer informação. Mas este não é o único nem o mais importante dos seus condimentos, porque compete com a transmissão de outras coisas além de dados puros, como os valores, a cultura e as motivações. Trate-a com o maior respeito e carinho. Ela é fonte de saúde empresarial.

Nesse contexto, parece-nos oportuno insistir no fato de que, se a informação não se expandir em todas as direções possíveis, essa cadeia virtual que deve unir a todos em uma mesma mensagem, em uma cultura e em prioridades estratégicas poderá se romper em qualquer elo, e, quando isso acontecer, a quebra poderá ocorrer nos mais fracos ou nos que estão mais fora de suspeitas.

Permita que contemos um caso real que aconteceu com alguém que trabalha em uma companhia de seguros, pois ilustra muito bem o que estamos dizendo.

Essa companhia organizou, de forma quase perfeita, um programa de atração de empresas de alto valor para ela. Cuidou até do mínimo detalhe de seu marketing externo, sua publicidade, da informação para a sua rede de agências e criou até um fantástico *pack* de produtos de boas-vindas especialmente para celebrar a captação de um cliente. O gerente de uma dessas novas empresas captadas apareceu no escritório da companhia de seguros para fechar uma operação respeitável pouco tempo depois de iniciada a relação comercial com seu novo fornecedor de seguros. Todo mundo estava sabendo da visita desse cliente, que havia levado muito tempo para ser captado, e que, graças à campanha em curso, havia sido possível incorporar à companhia.

Todo mundo, menos alguém: o porteiro do estacionamento de clientes, que, alheio a tudo, impediu que o gerente entrasse por conta de um problema aparentemente estúpido. Ninguém havia lhe informado que esse cliente especial participaria de uma reunião e que deveria ter acesso ao estacionamento VIP da companhia. Esse incidente irritou muito o novo cliente, que não estava acostumado a ser "destratado", e a situação só pôde ser salva, quase que milagrosamente, com a chegada ao estacionamento de outro diretor da companhia de seguros que havia participado da captação dessa empresa.

Essa falha na cadeia de informação e, principalmente, na atitude, nos recursos e na formação do agente de segurança interna poderia ter destruído uma operação importante.

Portanto, a moral da nossa história é bem clara: ninguém é tão pouco importante a ponto de não estar absolutamente a par de qualquer incidência que afete os objetivos, desafios, modos de fazer, critérios e prioridades da empresa. E ninguém é tão pouco importante a ponto de não ser informado, formado, treinado e considerado em todos aqueles valores, estratégias, modelos de atendimento a clientes etc. que sejam sinal de identidade da empresa, seja funcionário fixo ou contratado, subcontratado, temporário ou do tipo que for. A cadeia de valor do conhecimento daquilo que é importante pode se quebrar no lugar que menos se espera.

A comunicação faz parte de um triângulo sobre o qual se sustenta o MI. Seria algo assim (figura 17):

FIGURA 17

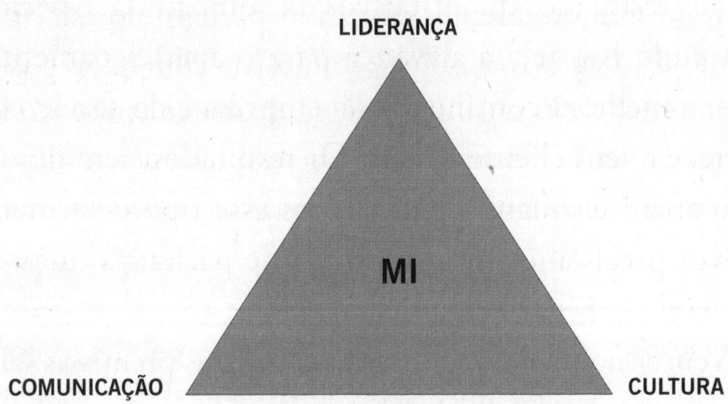

Vamos estudar um pouco mais a fundo os conceitos que aparecem nesse triângulo.

Liderança: a liderança exercida em uma empresa orientada ao cliente interno deve entender e assumir o valor estratégico das pessoas e, evidentemente, a vantagem competitiva diferenciadora que implica ter funcionários alinhados, em atitude, com a empresa. E essa atitude só se tornará evidente quando esse tipo de liderança se materializar por meio de políticas de recursos humanos construídas com base no respeito aos colaboradores, no fomento de suas capacidades e no desenvolvimento de seus conhecimentos e competências. Isso é algo parecido ao que se convencionou chamar de "liderança em serviço" (Greenleaf, 1977): o líder dedicado a uma tarefa de desenvolvimento e crescimento profissional de seus colaboradores, que concentra os esforços no serviço em si, e não só nos resultados quantitativos da companhia, e permite que tudo isso seja a alavanca para o aperfeiçoamento e para a melhora continuada da empresa e do serviço que oferece a seus clientes finais. Os resultados, sem dúvida, irão aparecer quando plantarmos esse tipo de semente. Talvez precisemos ter um pouco de paciência, mas eles chegam, e chegam para ficar.

Vencer no marketing interno com essas premissas talvez não signifique automaticamente um sucesso do marketing externo ou das vendas, mas, com toda a certeza, aquelas são um *potencializador* destas.

E fomentar esse tipo de liderança mais aberta e cooperativa vai significar, em muitas empresas, superar primeiro as reticências dos próprios diretores implicados, visto que tradicionalmente a liderança é entendida de maneira oposta, isto é, prevendo a existência de pessoas com capacidade de imposição, que exerçam uma direção personalista e com enfoque individualista no que se refere ao alcance dos objetivos. E agora vamos pedir a esses líderes tradicionais que cedam destaque à participação dos funcionários. Difícil, mas necessário. Alguns se adaptarão e entenderão a nova filosofia, mas outros não, e será necessário reorientá-los ou, em última instância, talvez, substituí-los. O objetivo final é suficientemente importante para se chegar a esse extremo.

Cultura: uma cultura de empresa literalmente impregnada de orientação ao cliente externo deve compartilhar, ao mesmo tempo, uma clara orientação ao cliente interno. Esse duplo direcionamento pressupõe valores bem diferentes de outras empresas, como os de serviço, qualidade, colaboração, espírito de melhoria contínua, profissionalismo, entrega etc. Porque o fortalecimento desse vínculo entre cliente interno e cliente externo, por meio de uma cultura com essas características e de uma liderança que a gerencie a cada dia, implica a retroalimentação e durabilidade da cultura da empresa.

Comunicação: como consequência do que foi dito anteriormente, a comunicação atua como um *facilitador* e um *lubrificante* nesse contexto. É uma derivada e um fator necessário para que todo esse processo e toda essa rede sejam construídos. A comunicação garante a chegada das mensagens da empresa a todos os seus colaboradores, além dos valores, objetivos, estratégias e prioridades, para garantir a integração em todos eles.

E que ferramentas utilizaremos em um processo de comunicação interna? Como dizíamos, a comunicação está ao alcance de qualquer um (e essa é outra razão para que sua implementação não seja desculpa nas empresas de pequeno porte), porque não requer ferramentas complicadas nem tecnologia sofisticada e de alto custo. Depende mais de uma vontade do que de meios. Podemos atender às necessidades de comunicação de uma empresa pequena ou média com estes meios, entre muitos outros:

- *reuniões periódicas* em nível de departamento ou de ponto de trabalho (seria a loja, no exemplo com que ilustramos nosso discurso);

- *boletins informativos,* também periódicos, para tratar de diversos temas, como evolução das vendas, informação sobre a concorrência, prioridades de vendas ou estratégias dos próximos meses, evolução do posicionamento da empresa no mercado de referência, melhoras nos processos internos de gestão, melhores práticas etc. Não é necessário que esses boletins adquiram a forma de revista impressa; podem consistir em simples folhas de informação ou newsletters eletrônicas enviadas a todos os colaboradores por e-mail;
- *caixas de sugestões* e oportunidades de participação dos funcionários para a melhora contínua de processos qualitativos ou de venda (o cliente traz informação da concorrência, apresenta queixas ou sugere ideias e condições de venda ou de serviço que podem ser usadas sistematicamente pelos vendedores para estudo);
- *intranet corporativa,* quando já se dispõe de mais recursos tecnológicos e se está disposto a destinar uma pessoa para a manutenção dessa rede interna de comunicação, que pode abrigar uma infinidade de dados e documentos, e cuja versatilidade possibilita a interação, por tornar possível a distribuição (inclusive segmentada) de pesquisas de opinião, avaliações etc. É o meio mais eficaz para a comunicação interna em empresas de grande e médio porte;

- *concursos de iniciativas, dia da qualidade, funcionário do mês etc.*

Em alguns, ou em vários desses meios, frequentemente também se pode informar à empresa toda dados ou acontecimentos de caráter pessoal ou não, mas relevantes para a companhia, com o objetivo de criar um clima de trabalho no qual o que acontece individual ou socialmente com os funcionários tenha importância para toda a empresa. Alguns desses dados podem ser, por exemplo, a celebração de um casamento, nascimento de um filho, falecimento de familiares, atividades esportivas ou de outro tipo, bem como artigos particulares sobre aspectos diversos de lazer ou habilidades dos funcionários.

2.5.1. Comunicação em tempos de crise

Não podemos deixar de comentar aqui o que, em nosso modo de entender as coisas, deve ser a comunicação em momentos tão delicados como um período de crise, seja de caráter interno da empresa (processos de reajuste, de fusão, de falência, de reestruturação ou de outro tipo) ou de caráter externo, estrutural, como acontece com a crise econômica global em que nos encontramos nestes tempos, à qual nos referimos na introdução deste livro.

Porque se a comunicação, em geral, em qualquer momento, segue processos e normas muito específicos (não é nossa pretensão fazer, aqui e agora, um tratado sobre comunicação), em situações de crise ela requer atuações e atitudes muito mais delicadas, e um tom especial, dado o contexto em que se desenrola e a sensibilidade e emoções implícitas que toda crise traz associadas em todos os níveis da empresa, desde entre os funcionários, passando pelos sindicatos, os comandos intermediários, a gerência, os acionistas etc. Portanto, as diretrizes que agora pretendemos apontar são de cumprimento (quase) obrigatório para todas as empresas que estiverem atravessando situações de crise (figura 18).

FIGURA 18

O QUE FAZER	O QUE NÃO FAZER
Dizer sempre a verdade.	Mentir, esconder a realidade.
Reconhecer os problemas e a vontade de resolvê-los.	Comunicar só as boas notícias ou aquelas que nos favorecem.
Ser construtivo e positivo.	Criar tensões desnecessárias ou dramatizar.
Reconhecer os esforços de todos e assumir responsabilidades.	Apontar culpados.
Ter consciência da sensibilidade de todos os integrantes da empresa.	Mostrar-se insensível ou ignorar as consequências que a situação tem nos demais.
Gerar uma única informação e um canal "oficial".	Dispersar informação ou fomentar "canais informais" que mascarem ou desmintam a informação oficial.

Algumas palavras sobre o conteúdo do quadro anterior:

- dizer sempre a verdade, até onde seja possível. Isso significa que podem existir limitações estratégicas ou de confidencialidade de atuação que, logicamente, devem ser preservadas. Mas tudo o que se diga, que seja comunicado, deve ser verdade. Do contrário, é melhor se calar;
- reconhecer que temos um problema é o primeiro passo na direção de sua solução ou, pelo menos, da vontade de solucioná-lo. Quando não existe vontade de solucioná-lo, o melhor é também enfrentar a situação e decidir para onde queremos nos dirigir. Mas, de qualquer maneira, não podemos entender, de jeito nenhum, que a comunicação consiste em dizer o que os outros querem ouvir nem em comunicar só boas notícias. Devemos tratar nossos funcionários como pessoas adultas, que merecem respeito e consideração, e não como crianças imaturas que não podem receber más notícias. Com certeza, se procurarmos o jeito, encontraremos mais capacidade de apoio de todos na busca de soluções se pusermos todas as cartas na mesa. Afinal de contas, a salvaguarda da empresa é incumbência de todos, porque todos temos boa parte dos nossos interesses nela;

- ser positivo e construtivo não significa ser inconsciente, mas sim encarar os problemas, as dificuldades ou os tropeços com uma atitude aberta e otimista. Por outro lado, não é nada construtivo identificar e apontar culpados sendo que, com certeza, todos temos alguma responsabilidade no problema; e também, como não, na solução. Enquanto perdemos tempo querendo nos livrar das responsabilidades, a margem para encontrar saídas se estreita. Depois, se não agirmos, já não importará quem era inocente e quem era culpado. Ao mesmo tempo, é importante ser ponderado: dramatizar também não é uma boa maneira de aliviar tensões e de buscar soluções;
- em momentos de tensão, a emoção e a sensibilidade de todos estão sempre à flor da pele. Precisamos de integridade, autocontrole e de grande dose de serenidade para estar em condições de discernir o que é conveniente do que não nos ajuda a avançar na busca de soluções. Frequentemente, algumas decisões devem ser tomadas a uma velocidade que põe à prova nossa força. Também é muito importante não cair no egocentrismo e pensar que só nós (sejamos empresários, líderes, funcionários, acionistas etc.) temos algo a perder. Todos os integrantes da empresa têm ativos ma-

teriais e imateriais colocados em nossa empresa. Ignorar, depreciar ou desprezar o que é dos outros é um erro imperdoável que nos priva do reconhecimento deles para fazer parte de uma solução consistente que supere as dificuldades;

- devemos identificar uma fonte (com nome e sobrenome) que represente a "versão oficial" da comunicação na empresa. Evitar a dispersão de fontes ou a utilização ou fomento de canais informais ajudará muito a informação a ser crível e confiável.

Conselho da vovozinha

Porém, acima de tudo, devemos saber aproveitar as dimensões de nossas pequenas e médias empresas para transformar a comunicação em algo quase direto, quase individual. Ter dimensões reduzidas em comunicação também pode representar maior capacidade para chegar a cada pessoa quase que pessoalmente. E isso é uma vantagem que convém utilizar.

2.6. Estudo de caso: o Banco Sabadell e a campanha "Junts per Lleida"

Gostaríamos de juntar tudo o que tratamos ao longo deste livro sobre marketing externo e marketing interno em um caso que julgamos paradigmático acerca do que foi falado aqui. Especificamente, vamos analisar o caso do Banco Sabadell e de uma ação de marketing um tanto especial lançada no mercado no início de 2010. Denominou-se "Junts per Lleida" (Juntos por Lleida). Faremos uma análise minuciosa que abarcará os aspectos mais gerais (características da companhia, ambiente competitivo em que se deu a experiência, características da campanha etc.) e também outros talvez mais particulares (política de recursos humanos da empresa e elementos de gestão e comunicação interna), que contribuem – decisivamente, em nossa opinião – para explicar por que pode surgir uma proposta desse tipo em determinada empresa e em outras não. Por fim, tentaremos vincular ambos os fatores e tirar conclusões.

2.6.1. Antecedentes

Antes de mais nada, talvez seja conveniente situar um pouco – mesmo que de forma resumida – o contexto empresarial e de marketing da empresa protagonista.

O Banco Sabadell é o quarto maior grupo bancário espanhol, com uma rede comercial de cerca de 1.200 agências em território espanhol e um corpo de funcionários de aproximadamente 9.600 pessoas. Ao mesmo tempo, tem uma rede no exterior (basicamente na Flórida, Estados Unidos, onde adquiriu várias entidades locais) de 24 agências com um corpo de funcionários de cerca de 650 pessoas. É um banco comercial privado, fundado em 1881, com uma significativa presença no mercado de pessoas jurídicas e físicas de renda média e média-alta.

Seu modelo de organização comercial multimarca (Banco Sabadell Atlântico, na cabeceira, e Solbank, ActivoBank, Banco Herrero e Banco Urquijo como marcas mais importantes, às quais recentemente se incorporou o Banco Guipuzcoano) cobre praticamente todos os mercados existentes no território espanhol, desde o sistema bancário privado até o *bankline*, passando pelos estrangeiros residentes, o banco *retail* e, como já dissemos, o mercado de empresas. Por meio de suas filiais ou parceiros, o Sabadell cobre toda a gama de serviços e produtos que seus clientes demandam dentro de um conceito de serviço global e possui uma clara orientação ao cliente.

Para termos uma ideia do ambiente competitivo em que esse banco se situa, e até para nos ajudar a perceber melhor as dimensões empresariais em que nos movemos, resumimos na figura 19 os dados mais relevantes no que diz respeito ao tamanho das redes comerciais e ao número de funcionários dos cinco maiores bancos privados espanhóis. Devemos alertar que o número de agências se refere exclusivamente às da marca comercial de cabeceira desses grupos, e que, portanto, não incluem os dados nem de agências nem de funcionários correspondentes a outros bancos nem empresas filiais.

FIGURA 19

	N.º funcionários Espanha	N.º agências Espanha
Banco Santander	20.562	2.934
BBVA	26.856	3.308
Banesto	9.515	1.821
Banco Popular	10.541	1.899
Banco Sabadell	9.631	1.225

Fonte: Anuário Estatístico do Banco Espanhol 2008. Associação Espanhola dos Bancos.
NOTA: Os dados do Banco Sabadell não incluem nem a rede de agências do Banco Guipuzcoano nem seu corpo de funcionários

Como se pode verificar no quadro anterior, estamos falando de praticamente dois grupos de entidades entre os bancos privados de maior peso no mercado espanhol: de um lado, destacados quanto à rede comercial e funcionários, os dois grandes bancos, Santander e BBVA; e, de outro, o grupo dos denominados "médios", com dimensão inferior e também com menor número de funcionários.

Entre ambos existem diferenças (às vezes, significativas) de enfoques comercial, estratégico de expansão e distribuição, e também de orçamentos de marketing, que não vamos analisar aqui (em nível setorial, é possível consultar alguns artigos que os autores publicaram a respeito).

2.6.2. A campanha

"Junts per Lleida" foi concebida sob o prisma de uma ação que fugisse das típicas e batidas campanhas de entidades bancárias centradas no produto. A área de marketing do Banco Sabadell soube muito claramente, desde o início, que essa ação não se centraria em um produto (que é rapidamente imitável), mas que se encaminharia para a consecução de um objetivo bem diferente: transmitir uma ideia de proximidade com o cliente, de fidelidade mútua e de certa cumplicidade da entidade com o ambiente socioeconômico no qual a campanha fosse desenvolvida. Esse enfoque, além de tudo, casa muito bem com a cultura corporativa da entidade e com seus valores, aplicados agora à gestão interna e de clientes.

Nessas circunstâncias, com certeza uma boa solução seria focar a ação no marketing local. Isso conduziu à necessidade de selecionar um espaço mais ou menos experimental, uma cidade de dimensões "controláveis" onde se pudesse desenvolver a ideia e onde a presença comercial da entidade tivesse sido prolongada e existisse uma densidade de rede comercial própria suficiente para implementar essa atuação de *mass marketing*. Só assim poderia se materializar, de uma maneira crível, a ideia de proximidade e cumplicidade que explicamos. Foi seguindo esse processo que se chegou à escolha da cidade de Lleida, a terceira capital de província da Catalunha em número de habitantes (136 mil habitantes aproximadamente), onde a entidade está presente desde 1977 e mantém uma rede comercial de oito agências. Outro dado de partida que deveria ser considerado de forma significativa era a cota de clientes pessoa física do Banco Sabadell nessa cidade antes do início dessa ação, que se situava em 6,8% (dados fornecidos pela própria entidade).

Sob essa proposta de cumplicidade com o entorno, logo surgiu a possibilidade de participação dos funcionários da entidade na realização da campanha, sugestão que teve de vencer algumas resistências internas (por ser incomum e, até certo ponto, tratando-se de uma entidade bancária, por ser uma ideia "revolucionária") e algumas formalidades obrigatórias (direitos de cessão de imagem, por exemplo). Mas, no fim, a proposta se impôs como uma ideia excelente e bem alinhada ao que se pretendia e às mensagens que queriam transmitir.

E se os funcionários participariam, por que não pedir aos clientes que fizessem o mesmo? Há melhor visualização do envolvimento da entidade com a cidade e com seus clientes que uma imagem conjunta destes e dos funcionários em uma campanha publicitária? Mãos à obra, então.

Surpreendentemente para todos, a aceitação dessa experiência e desse formato por parte dos funcionários e dos clientes da cidade de Lleida foi bastante positiva. Nos dois grupos, apresentaram-se voluntariamente candidatos ao *casting* para escolher os modelos que apareceriam em uma atuação publicitária que pretendia ocupar toda a cidade. Esses modelos, no que se refere aos clientes, deveriam ser escolhidos entre os candidatos com uma personalidade mais aberta, entre aqueles que se mostrassem confortáveis na situação de uma projeção externa tão intensa de sua imagem, e em companhia dos funcionários da entidade. Quanto a estes, foram escolhidos considerando que deviam ser também bons representantes dos valores próprios da entidade, e, dentro das possibilidades, aqueles que tivessem certo tempo de casa, pois com isso se garantiria maior conhecimento do público em relação a sua pertinência à entidade. Era uma aposta arriscada e até imprevisível em suas consequências, tanto para uns quanto para outros. Mas foi encarada com grande expectativa e espírito positivo. Os resultados gráficos dessa proposta estão nas figuras 20, 21 e 22.

Os suportes concretos e definitivos da campanha (magistralmente materializada pela agência Remake Comunicació) seriam cartazes, painéis e outdoors que pusessem em evidência a imagem de cumplicidade real existente entre a entidade e os executivos de conta que a representam, de um lado, e, de outro, os clientes. Essa imagem, expressa com naturalidade e proximidade física, traduziria perfeitamente essas intenções.

Mas, como é óbvio, essa atuação não foi concebida só como uma campanha que dotasse de notoriedade o Banco Sabadell e o vinculasse emocionalmente à cidade de Lleida;

FIGURA 20 e 21

FIGURA 22

também foi projetada com um claro objetivo comercial: criar trânsito nas agências, tanto de clientes quanto de potenciais clientes da entidade. Seria já nesse ambiente propício que os gestores de conta deveriam estabelecer contatos que conduzissem a uma captação, ou a uma venda de serviços e produtos que aumentasse o vínculo e o valor gerado por cada cliente. A captação de novos clientes se baseava, fundamentalmente, na incorporação de clientes pessoa física de nível de renda médio e médio-alto, o cliente-alvo da entidade. De fato, a comunicação criada nessa campanha mantém um tom e elementos ajustados a esse perfil.

Para gerar esse trânsito nas agências, todas as atuações descritas de presença em meios locais e de publicidade nos pontos de venda (as agências) foram acompanhadas de uma intensa e original campanha de distribuição de folhetos publicitários, que eram colocados à porta dos domicílios ou nas caixas de correio. A ideia era fazer que os clientes ou potenciais clientes passassem pela agência mais próxima da entidade para pegar um presente. O presente era uma atraente sacola de compras decorada com uma ilustração que fazia alusão à cidade.

A seguir, exporemos, sob uma visão mais *marketiniana*, o desenvolvimento e a análise de conteúdos dessa ação. Mas queremos chamar a atenção de nosso leitor para um fato fundamental. Para isso, vamos assumir, de forma fictícia, o papel de membros da área de marketing do Banco Sabadell. Portanto, vamos supor – em favor de certo academicismo e de um objetivo mais pedagógico – quais foram as sequências de comportamento quanto à análise e à atuação da entidade nessa experiência.

Como é natural, a entidade não pode nos revelar suas fontes nem avaliações internas que serviram de base para esse caso, de modo que isso nos permite uma liberdade que servirá a nossos interesses acadêmicos e pedagógicos, como dissemos, e ao mesmo tempo permitirá entrelaçar as informações descritas até agora com base em dados fornecidos pelo Banco Sabadell e as teses de marketing interno que expusemos. Portanto, querido leitor, a responsabilidade do que se segue é só nossa.

A primeira coisa que faremos é considerar o mercado externo da entidade analisando os elementos abaixo, seguindo aquele mesmo esquema já utilizado no início desta obra:

- cliente final;
- cliente intermediário;
- influenciador;
- concorrência;
- monitoramento do ambiente;
- coordenação com o cliente interno.

Cliente final

Se recordarmos, a tese formulada a respeito do cliente final é que devemos conhecer muito bem o valor real que aportamos a ele. Vamos, portanto, retomar esse argumento agora que tratamos do nosso caso. A esse respeito, também é conveniente recordarmos que só existem dois tipos fundamentais de vantagem competitiva: a "diferenciação" ou a "liderança em custos". Acreditamos que, ao longo de todo o conteúdo que vimos até agora, seria possível adivinhar com facilidade qual é nossa preferência estratégica para apostar em uma ou outra. Pode adivinhar qual é? De fato, nossa aposta (salvo para mercados e circunstâncias muito específicos) é claramente a diferenciação, pois acreditamos que ela gera mais capacidade de liderança em quem a consegue, e durante mais tempo. Também é a que, como veremos, implica o emprego de maior capacidade e recursos de nossas equipes humanas, e na qual se materializa com maior intensidade a aposta das companhias em seus funcionários e no capital intelectual e criativo que agregam. Portanto, fica claro que, para executar essa estratégia de diferenciação, necessariamente, somos obrigados a oferecer um "plus" de agregação de valor ao nosso cliente final que supere o que os concorrentes oferecem.

Retornando ao nosso exemplo, vejamos por que rememoramos argumentos tratados anteriormente. Todos sabem que, no mercado bancário (e, em geral, em todos os mercados em que se oferecem serviços aos clientes), a percepção do serviço é fundamental para estabelecer o diferencial entre as entidades. Em um setor no qual não existem patentes sobre os produtos criados (às vezes, o tempo que se leva para replicar um produto da concorrência é só o tempo que a Comissão Nacional de Mercado de Valores, por exemplo, leva para autorizar sua comercialização), o verdadeiro valor diferencial que se oferece ao cliente é justamente o serviço em si. Esse serviço pode estar inclusive customizado pela entidade que o oferece, mas o que define radicalmente seu valor para o cliente são as pessoas que o oferecem, os funcionários. Isso é o que gera, independente de outros aspectos mais materiais, a base do vínculo e da fidelização dos clientes.

Além disso, é nesse serviço que podemos abordar uma estratégia de diferenciação mais durável e mais valorizada pelo cliente. Nesse mercado, não tem sentido a diferenciação por outro elemento, seja o preço ou o portfólio de produtos, posto que ela – como dissemos – não poderia se transformar em nenhuma vantagem competitiva durável no tempo.

Contudo, o que podemos falar sobre o conhecimento profundo do cliente sobre o qual nos referíamos, aquele modelo "Perales" ao qual nos referimos anteriormente? Vamos voltar ao nosso caso, mas devemos acrescentar agora que é necessário conhecer não só o cliente final, como também o ambiente em que se movimenta.

No exemplo do Banco Sabadell, essa entidade identificou informações a respeito do mercado de Lleida, sobre o qual queria atuar, e, portanto, sobre os potenciais clientes. Essas informações proporcionaram, entre outros, dados sobre a distribuição da população por idade, com base nos quais foi possível obter conhecimento de outras características socioeconômicas ou culturais (figura 23). Permita-nos, neste ponto, um pequeno desvio da análise que estamos realizando para comentar algo que ainda hoje deveria ser óbvio, mas que não é. Referimo-nos à obtenção dos dados e das informações necessárias para executar atuações empresariais. Independentemente dos sofisticados, caros e especiais estudos de mercado que uma companhia pode encomendar antes de iniciar determinada campanha ou ação comercial, temos de recordar que também é possível recorrer a dados acessíveis na rede (fonte secundária) e obter uma grande quantidade de informação no conforto e na gratuidade da internet. Portanto, não é desculpa para nenhuma PME a falta de recursos para abordar o conhecimento mais pormenorizado de seus mercados atuais ou potenciais e de determinadas características de seus clientes. De qualquer maneira, pedimos que tomem a prevenção de checar esses dados obtidos na internet e consultar, também, os que são fornecidos pelos organismos reconhecidos e administrações públicas.

Se, com os dados fornecidos pelo Banco Sabadell, analisarmos minimamente a população da cidade de

FIGURA 23

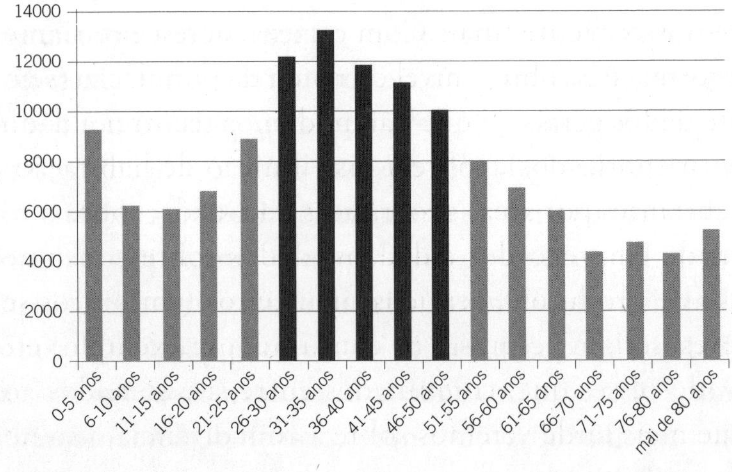

Fonte: Banco Sabadell.

Lleida, veremos que 42,5% dela (daqueles 136 mil habitantes) estão em uma faixa etária entre 26 e 50 anos, um segmento no qual se desenrola uma parte muito significativa da atividade profissional e pessoal dos cidadãos, e que, bancariamente falando, requer maior amplitude de serviços e recursos financeiros. Ou seja, estamos falando de um segmento objetivo de cerca de 58 mil pessoas às quais podemos dirigir, preferencialmente, nossa campanha para captar aqueles que ainda não são clientes.

Tirando esses dados tão básicos, que outras informações poderíamos ter requerido, caso pertencêssemos à área de marketing dessa entidade, para fazer uma análise adequada da realidade, que nos conduzisse à elaboração da campanha mais pertinente às necessidades de nosso cliente final? Com certeza, acrescentaríamos informações sobre o nível de renda da população (sempre dados gerais, já que não podemos recorrer a dados pormenorizados), sobre a distribuição de habitação e habitantes por áreas geográficas da cidade, sobre o nível de emprego dos cidadãos, dados sobre consumo, uso de produtos e serviços financeiros (em outros setores, seriam pesquisas de consumo, por exemplo) etc. Dados esses que, combinados entre si e somados aos que mais tarde veremos sobre a concorrência, vão nos permitir uma aproximação muito necessária ao nosso mercado-alvo.

Cliente intermediário

Do nosso ponto de vista, uma das atuações *essenciais* no desenvolvimento de uma estratégia empresarial de orientação ao mercado é justamente a que se destina ao cliente intermediário, nosso canal de distribuição. De fato, quando falamos de marketing interno, basicamente nos referimos a isso: aos clientes intermediários, que são nosso canal de distribuição. Se não formos capazes de fortalecer ao máximo esse elo da cadeia, nada terá sentido, ou, na melhor das hipóteses, nosso poder de crescimento e desenvolvimento no mercado poderá se ver limitado, debilitado pela falta de consciência da importância desse cliente intermediário.

Com a convicção de que as coisas são assim impressas no DNA da entidade do nosso estudo de caso, o Banco Sabadell fez um imenso esforço para incorporar seus colaboradores da rede comercial de Lleida ao projeto, à sua filosofia e aos objetivos e valores que se pretendiam difundir nele. E a tradução direta de tudo isso foi um plano de comunicação especialmente traçado para tornar a atuação palpável e operacional.

Toda a campanha foi precedida e acompanhada de atuações específicas com os funcionários em todos os níveis. Assim, houve reuniões de apresentação da campanha (nas quais os funcionários foram os primeiros a conhecer a publicidade criada e os primeiros a receber os *gadgets* que deviam ser utilizados nela); fornecimento de informações sobre o calendário, a sequência e o objetivo de cada passo; comunicação das atuações que deveriam ser realizadas com os clientes em trânsito pelas agências; acompanhamento diário e semanal dos resultados, da casuística produzida, das boas práticas, das informações cruzadas obtidas em cada visita, dos dados oferecidos pelos potenciais clientes etc. (figura 24).

Os responsáveis hierárquicos territoriais e comerciais da entidade também compareceram às reuniões iniciais de apresentação da campanha para representar seu vínculo com a atuação que seria realizada e com as expectativas depositadas em algo tão inovador e, de certa forma, "rupturista". Tudo isso reforçava a ideia de envolvimento em todos os níveis, que era justamente o objetivo desse novo enfoque.

FIGURA 24

Objetivos de comunicação	• Identificar-se com um sentimento de pertencimento. • Reforçar valores diferenciadores da entidade: profissionalismo e confiança. • Criar notoriedade de marca na cidade. • Gerar trânsito de clientes e de potenciais clientes nas agências.
Estratégia de meios	• Publicidade em meios locais (rádio e jornais, principalmente). • *Publicity.* • Encartes nos jornais. • Sacola de *gadgets*. • Externos (busdoors, painéis, outdoors).
Micromarketing	• Panfletagem em áreas próximas às agências. • Publicidade nas agências.

Fonte: Elaboração própria com base em documentação do Banco Sabadell.

Evidentemente, também houve tempo para comentar as estratégias de contratação e as condições de comercialização dos produtos e serviços postos à disposição dos novos clientes que fossem atraídos à entidade.

Ao mesmo tempo, na cidade de Lleida, diversos membros da alta direção da entidade (incluindo o conselheiro deliberativo) organizaram atividades de representação, acolhendo e dando ainda maior contextualização social a toda a campanha, e, com isso, reforçaram seu papel absolutamente transversal e crítico para o Banco Sabadell. Por exemplo, foram organizados encontros com empresários e visitas a clientes e autoridades locais. Todos esses atos, da maior importância na cidade e em seus meios de comunicação, transformaram o Banco Sabadell e a cidade de Lleida em uma parceria perfeita nos meses de duração da campanha.

Influenciadores

O influenciador é sempre um elemento que requer certo cuidado ao ser integrado em nossas atuações, tanto de marketing quanto de vendas. O poder de influência que ele tem sobre o cliente final pode variar em função de diversos fatores, mas é sempre um elemento que ajuda na tomada de decisões e, portanto, pode ser um bom aliado do empresário. Por isso a importância de um adequado cuidado e fomento em relação a ele. Ele não deixa de ser outro tipo de cliente intermediário para nós, e anteriormente já apontamos sua importância.

No caso do Banco Sabadell, é perfeitamente possível acionar influenciadores potencialmente importantes, uma vez que a entidade desenvolveu de forma inovadora e brilhante um modelo de negócios específico, dirigido a grupos e associações profissionais (Profissional BS), que abarca mais de mil convênios subscritos e o transforma em uma entidade de referência para cerca de 800 mil associados. Nessas circunstâncias, como é lógico, deveria ser possível fazer a apresentação e promoção da nova campanha, a fim de aproveitar o embalo para reativar a captação de novos clientes desses grupos, com o aval do próprio colegiado profissional.

Essa fórmula de influência é a que poderíamos chamar de "colaborativa", mas outros tipos de influência são factíveis, mais na linha do interesse mútuo. É o tipo de influência que denominamos "negócio complementar" (a conhecida *win-win*): o influenciador faz esse trabalho de recomendação a potenciais novos clientes em troca de uma recomendação mútua. Poderíamos estar falando, por exemplo, de administradoras, assessorias, escritórios de economistas etc. Todos eles ofereceriam sua capacidade de chegar ao cliente final em troca de a empresa recomendada também os indicar, por sua vez, àqueles a quem seus serviços conviriam.

Mas queremos chamar a atenção para um fato que nos parece de extrema importância nessa campanha: os próprios clientes é que também se transformarão, com sua participação dentro e fora, em verdadeiros influenciadores da entidade, modificando, assim, seu papel inicial de alvo final da campanha.

Seja como for, fica evidente que existe uma notável capacidade de influência da entidade para fazer chegar sua voz e sua oferta a um número significativo de não clientes, e assim tentar a captação destes.

Conselho da vovozinha

Os influenciadores são um grupo do qual qualquer companhia deve cuidar de uma maneira precisa, posto que a influência tem um poder muito maior do que pensamos, e é capaz de penetrar com mais facilidade nos potenciais clientes, já que estes não erguem diante daqueles os muros defensivos que frequentemente ostentam diante das empresas. Por isso, seu uso pode ser muito conveniente em determinados mercados ou em determinados momentos. Cuide deles, se os tiver, e, se não os tiver, arranje alguns.

Concorrência

Na primeira parte deste livro, quando abordamos o tema da concorrência, comentamos que era fundamental para qualquer análise de situação e plano de atuação posterior de qualquer empresa conhecer com exatidão quem eram seus concorrentes no mercado em que atuava. Apesar de essa questão parecer retórica em relação ao setor bancário e ao caso que nos ocupa, não o é em absoluto. Embora o contexto de crise internacional tenha limitado, e até paralisado, as incipientes iniciativas nesse sentido, há alguns anos assistimos a certa proliferação de empresas privadas – principalmente do setor do consumo – que oferecem serviços parafinanceiros ou claramente financeiros a seus clientes. É o que poderíamos chamar de "financiarização" (o termo não existe, mas achamos que pode conter o sentido do que estamos dizendo).

Isso ainda é algo que não se generalizou por determinadas limitações legais e, como já se disse, pelo efeito da crise dos mercados, das finanças e da economia mundial. Mas é algo sobre o que já advertimos há algum tempo (veja o artigo de Benavides relativo ao futuro das redes bancárias, citado na bibliografia) e que abriu caminho para uma reformulação do setor e de seus formatos de distribuição. Já dissemos, então, que quem possui os clientes tem o poder de ampliar sua oferta e cobrir as novas necessidades deles, que até então ninguém havia coberto.

Mas, por enquanto, e para os interesses do nosso caso, vamos nos limitar a identificar os concorrentes diretos do

Banco Sabadell entre as entidades tradicionais: bancos comerciais e bancos de investimento. Em primeiro lugar, podemos nos perguntar quantos são esses concorrentes e qual é o número de pontos de venda que as diversas entidades têm em nosso mercado-alvo, a cidade de Lleida. Para focar nossa análise, oferecemos os seguintes dados acerca da evolução do número de agências de bancos comerciais na província (figura 25).

Como se pode observar, o número de agências correspondentes a bancos comerciais foi se reduzindo paulatinamente nas duas últimas décadas e acumula uma diminuição de quase 33% desde o ponto máximo de expansão, em 1990, até o final de 2009.

Esses dados relativos à província podem ser especificados para a cidade de Lleida, e assim obtemos, já pormenorizado por entidades, o seguinte quadro evolutivo de agências dos três últimos anos, sobre os quais temos dados (figura 26).

Das 169 agências de banco existentes na província no final de 2009, 35,5% delas (ou seja, 60) situavam-se na cidade de Lleida. É exatamente o mesmo número que encontrávamos no ano 2000. A redução, portanto, de agências de bancos ocorreu claramente na provín-

FIGURA 25

Ano	1950	1960	1970	1980	1990	2000	2009
Nº agências província	32	37	58	240	251	195	169

Fonte: Associação Espanhola de Bancos (Anuário Estatístico 2009).

FIGURA 26

	BBVA	Santander	Banesto	Sabadell	Popular	Bankinter	Barclays	Pastor	Outros	Total
2000	**24**	**12**	**3**	**5**	**6**	**-**	**-**	**1**	**9**	**60**
2007	**21**	**14**	**3**	**9**	**7**	**1**	**2**	**2**	**4**	**63**
2008	**18**	**14**	**3**	**9**	**8**	**1**	**2**	**1**	**6**	**62**
2009	**18**	**13**	**3**	**9**	**8**	**1**	**2**	**1**	**5**	**60**

Fonte: Associação Espanhola de Bancos (Anuário Estatístico 2009).

cia, mas não na capital. E esse é um dado de concorrência realmente significativo para nosso caso. A cidade de Lleida acumula cerca de 50% do censo provincial de população, bem como uma porcentagem também significativa da renda e da atividade comercial da província. Portanto, a "batalha" pelo negócio estava ali, na capital, e prometia ser muito acirrada.

No que diz respeito aos bancos de investimento, também concorrentes diretos do negócio bancário, mostramos na figura 27 um quadro de evolução do número de agências existentes tanto na província quanto na capital.

FIGURA 27

ANO	AGÊNCIAS PROVÍNCIA (AG. CAPITAL)
2000	289 (99)
2007	328 (120)
2008	335 (121)
2009	337 (124)

Fonte: Anuário Estatístico da Espanha 2009. Servei d'Estudis "La Caixa".

Ao contrário do que acontecia no caso dos bancos comerciais, o número de agências correspondentes a bancos de investimento aumentou tanto na província quanto na capital, onde experimentou, entre os anos observados (2000-2009), um crescimento de 25%. Nos últimos três anos, porém, esse crescimento foi muito leve. Atualmente, os principais concorrentes, por marcas, entre os bancos de investimento são (figura 28):

FIGURA 28

LA CAIXA	CATALUNYA MANRESA TARRAGONA	UNNIM	PENEDÈS	MADRID
35	24	21	11	6

Fonte: Sites das próprias entidades.

A que nos conduzem esses dados sobre redes bancárias na cidade de Lleida? Os números nos levam a identificar claramente três coisas:

1. Quanto ao número de agências bancárias e, portanto, quanto à cobertura de pontos de venda e acesso a clientes, os bancos de investimento – em seu conjunto – são concorrentes mais poderosos que os bancos comerciais. Devemos levar isso em conta mesmo no caso de não existir um concorrente local que possa despertar vínculos emocionais com os clientes e/ou potenciais clientes.
2. Considerados particularmente, ou seja, referindo-nos a marcas específicas, os bancos de investimento

têm jogadores muito consistentes em sua extensão de rede, e, em consequência disso, vão representar uma concorrência contundente em suas ofertas. Mais eficiência e qualidade de serviço de um desses bancos de investimento vai significar maior probabilidade de chegar a potencialmente mais clientes.

3. Devido a essa maior proximidade com o cliente final, entre outras razões, os bancos de investimento também desenvolveram com os clientes um vínculo emocional maior que os bancos comerciais. E um dos efeitos claros da campanha que estamos analisando é, justamente, atacar esse aspecto.

Coordenação com o cliente interno

As conclusões a que a análise deste caso pode nos levar são múltiplas e abordáveis sob diversos pontos de vista, posto que fazem referência a contextos de análise muito diferentes. Podemos falar de consequências em nível de estratégias de marketing, de estratégias de posicionamento, de orientação comercial, de comunicação e publicidade etc. Mas, para os interesses de nossa análise, vamos nos centrar naquelas que estão em consonância com a orientação interna da empresa. Assim, do nosso ponto de vista, essa campanha deixou evidente o seguinte:

- A experiência do Banco Sabadell mostra que pode-se ter uma orientação diferente da atual quanto à estratégia de marketing das empresas, pois é possível (e acrescentamos, necessário) praticar um marketing vinculado a nossas redes comerciais, a nossos vendedores, a nossa organização, para conectá-lo melhor aos nossos clientes e torná-lo mais eficiente.

- Nossa organização, isto é, nossos funcionários, deve ter um papel predominante em nosso marketing, e para entender esse marketing (normalmente, referimo-nos a ele quando falamos de marketing externo) é necessário começar pelo marketing interno – ou colocá-lo em paralelo a ele.
- Esse modo de agir não é só algo muito aparente, mas também comporta resultados concretos. No caso do Banco Sabadell, conseguiu-se aumentar a base de clientes da entidade na cidade de Lleida em um pouco mais de 10% no final da ação. E também alcançou-se algo talvez mais intangível e de difícil medição: mostrar o vínculo e a cumplicidade que pode existir entre uma empresa e seus clientes. Esse vínculo, de uma forma ou de outra, existe em todas as marcas com força no mercado. Só é preciso identificá-lo e reforçá-lo para que traga resultados positivos.

Acreditamos que a figura 29 reflete perfeitamente como se constrói uma proposta de marketing considerando, de forma conjunta, as duas visões que vimos desenvolvendo ao longo deste trabalho: a visão interna e a visão externa. E isso de tal maneira que demonstra que a segunda só deve ser concebida como continuação da primeira.

FIGURA 29

Fonte: Banco Sabadell.

Veja com que enfoque de síntese centrado na agência se construiu a proposta que ocupou nosso estudo de caso nestas páginas. Acreditamos que é uma clara ilustração do que estamos dizendo e do que tratamos desde o início do livro.

Mas esse ponto de destino só é possível quando uma organização houver gerado, anteriormente, e integrado a seu dia a dia, uma determinada maneira de considerar os recursos humanos, de dirigi-los, avaliá-los e situá-los no eixo central de sua atuação. Portanto, devemos nos indagar como esses recursos são organizados e com que cultura organizacional são gerenciados, para entender que sem esse tipo de antecedentes não é possível gerar um marketing interno da natureza que estamos definindo aqui. Evidentemente, uma campanha com a participação de funcionários é fácil de ser realizada, mesmo sem que todo o resto exista. Mas o que não é possível fazer se não existir esse valor agregado e previamente instalado nos genes organizacionais da companhia é transformar uma campanha em um estilo de ser e de fazer continuado. Sabemos que só as empresas que atuam assim obterão resultados duradouros e crescimento sustentável no tempo. Este, acreditamos nós, é o caso do Banco Sabadell.

Quais são as peculiaridades do modelo de gestão de recursos humanos dessa companhia que podem transformá-la em algo especial ou em um gérmen de iniciativas como a analisada aqui, que envolvam os funcionários de forma total na venda externa da imagem da entidade e, enfim, da marca? O que leva seus funcionários a sentirem a marca de forma tão diferenciada e a exteriorizar esse sentimento?

Sem pretender ser exaustivos, destacaríamos dois elementos-chave de toda sua política de gestão de pessoas. São eles:

2.6.3. Política de recursos humanos

Para começar, diremos que as diferenças começam ao analisar o organograma de gestão da entidade. Ele tem uma acentuada ênfase territorial e descentralizada, com uma estrutura que começa na agência, segue na direção regional e adquire dimensões territoriais (nível interprovincial). Em cada um desses elos, existem estrutura e responsáveis específicos pela gestão dos recursos humanos e pela aplicação das políticas, que foram desenvolvidos pela empresa. Esse fato por si determina uma diferença em relação a outras companhias e denota a vontade da entidade de se aproximar do cliente interno, dos funcionários de cada agência, de suas políticas.

Paralelamente a essa estrutura, aparecem aspectos genéricos da gestão de recursos humanos desenvolvidos até limites importantes. Falamos de:

a) Avaliação de capacidades e potencial de desenvolvimento profissional, feita e seguida sistematicamente por toda a estrutura, e levada às últimas consequências em formação, retribuição e atividades *ad hoc*. Isso leva, ainda, à confecção particularizada de trajetórias profissionais, à utilização desses dados em processos de seleção interna e na elaboração de planos de sucessão, entre outras aplicações. A informação de saída dessa avaliação proporciona, principalmente, dados sobre o *gap* de competências existente em cada pessoa em função do cargo que deve ocupar, e sobre as atitudes e aptidões existentes para isso.
b) Formação personalizada, a ponto de existir um programa específico que desenvolve os conhecimentos profissionais e as habilidades pessoais necessárias para cada função predefinida, para as circunstâncias específicas de cada funcionário e as competências requeridas para cada função e para os possíveis déficits que se devem superar.

c) Retribuição, fundamentada nos seguintes elementos:
   - Níveis de carreira e, portanto, de progressão financeira, já definidos segundo a natureza e o impacto em resultados de cada cargo. Esses níveis permitem, ainda, dispor de uma estruturação previsível da evolução da massa salarial.
   - Retribuição variável objetiva e específica para cada função. Os critérios de aplicação são sempre conhecidos de antemão e podem ser seguidos periodicamente para direcionar, de maneira adequada, o rumo das atuações individuais segundo o cumprimento observado.

d) Gestão de diretores. Existe uma gestão específica para esse grupo tão sensível e fundamental na transmissão das estratégias e políticas corporativas. Para eles, implementou-se um canal de comunicação específico e são observados, também de forma específica, aspectos de formação e desenvolvimento de competências que podem chegar a ser individualizados.

2.6.4. Gestão da comunicação interna

O Banco Sabadell desenvolveu um modelo de comunicação interna claro, conciso e muito bem definido, cujo objetivo final é obter a participação de seus colaboradores na transformação cultural e estrutural da entidade, bem como em seus objetivos estratégicos e operacionais. Cientes de quanto a comunicação é essencial para gerar vínculos consistentes entre a empresa e os funcionários que fomentem sua retenção, a coesão interna e o orgulho de pertencer à marca, o banco fundamentou seu modelo nos seguintes parâmetros:

- diálogo (a comunicação circula em todas as direções);
- liderança (a comunicação é veiculada pela diretoria);
- credibilidade (a informação transmitida deve ser confiável);
- clareza (a informação deve ser compreensível);
- relevância (a informação deve interessar aos colaboradores).

Por outro lado, também foram garantidos os mecanismos para que a comunicação ascendente pudesse chegar até o comitê de direção da entidade. Assim, a utilização da intranet corporativa, a implantação de um portal do funcionário, o desenvolvimento bienal de uma pesquisa sobre o clima no trabalho ou a geração do canal BS, pivô da comunicação entre empresa e funcionário, são apenas exemplos que materializam o que dizemos. Ao mesmo tempo, a ideia de votar abertamente as sugestões dos funcionários, além de outros mecanismos mais qualitativos e diretos, implica a articulação de um sistema de retroalimentação que facilita o acesso de opiniões e sugestões dos colaboradores aos máximos níveis executivos da companhia. Os indicadores de uso desses canais digitais de comunicação interna demonstram o que dizemos: enquanto no Banco Sabadell 60% dos funcionários tiveram acesso a algum deles, a média nacional em empresas que dispõem desses meios é de apenas 43% (dados fornecidos pelo Banco Sabadell).

Por tudo isso, esse modelo foi merecedor de um prêmio na categoria de "Melhor estratégia global de comunicação interna em Grandes Empresas", na I Edição dos Prêmios às Melhores Práticas em Comunicação Interna 2008, concedido pelo Observatório da Comunicação Interna e Identidade Corporativa da Espanha.

2.6.5. Resumo e avaliação

Como pudemos apreciar no desenrolar do nosso caso (embora seja também a situação de muitas outras empresas, grandes, médias e pequenas, que aqui não registramos), só em um contexto empresarial como o descrito é possível gerar o envolvimento pessoal dos funcionários em atividades similares à analisada. E inclusive ir além, porque não se trata de "salvar o expediente" com uma ação específica ou com um vídeo corporativo estilo *lipdub* para acharmos que estamos na linha certa. O desenvolvimento de um verdadeiro marketing interno não é uma questão de atuações pontuais. É uma:

FILOSOFIA DE EMPRESA,
UMA FILOSOFIA DE NEGÓCIO

Uma filosofia que se tem ou não se tem, que se quer ter ou não se quer ter. Que o Mercadona, por exemplo, tem, e pela qual mereceu que seu modelo de negócio e sua estratégia (que internamente denominam "Modelo de Qualidade Total") fossem alvo de atenção por parte da Universidade de Harvard (ver o jornal *Expansión*, de 30 de julho de 2010). Esse modelo permitiu que a produtividade por funcionário na rede de supermercados fosse 18% superior à da concorrência espanhola, maior inclusive que a das redes norte-americanas. Como? Investindo nos funcionários e transformando-os em pedra fundamental daquela filosofia a qual nos referíamos, e que, na versão Mercadona, pretende satisfazer (nessa ordem) o cliente, o funcionário, o fornecedor, a sociedade e o capital.

Mas também é possível e necessário aplicar essa filosofia de negócio no tratamento e na gestão dos clientes. Sem ir muito longe, o Banco Sabadell acaba de desenvolver uma nova plataforma de informática que permite que seus clientes façam avaliações dos produtos e serviços da entidade, bem como forneçam sugestões de melhora ou contribuições para a criação de outros. É uma verdadeira novidade no setor e já permitiu a aplicação de algumas ideias dadas e votadas pelos próprios clientes. Um verdadeiro exemplo e um compromisso perante o mercado.

Senhoras e senhores empresários, temos um longo caminho a percorrer, mas a boa notícia é que já existem muitas empresas que o completaram antes, e com sucesso. Falta pôr as mãos à obra e QUERER transformar modelos caducos de gestão em outros mais participativos. Com certeza, muitos sentirão medo (literalmente) de perder o controle, não se sentirão seguros em um âmbito onde deverão redefinir muitas coisas (entre elas, a gestão, mas nunca a propriedade nem a decisão final), ou simplesmente terão preguiça de empreender todas essas mudanças. Mas se quisermos garantir a sobrevivência e, talvez, a capacidade de gerar lucros maiores e mais duradouros, só há um caminho: fazer do cliente interno um fator no mínimo tão importante quanto o cliente externo, e no qual invistamos tanto esforço e dinheiro quanto neste último.

2.7. Epílogo: os conselhos definitivos da vovó (o TOP 10)

Concebemos esta seção final como um compêndio de receitas mágicas, como a quintessência de tudo que desenvolvemos nesta parte do livro. Ela não pretende ser nada ortodoxa, e muito menos dogmática, mas pretende ser algo muito prático e conciso para se tentar aplicar mudanças em nossa empresa com vistas à implantação de uma verdadeira orientação ao mercado, tanto externo quanto interno. Vejamos:

1. Nosso mercado tem sempre duas faces: o mercado externo (centrado nos clientes da vida toda e aten-

dido pelo marketing tradicional) e o mercado interno (constituído por nossos próprios colaboradores e gerido por esse marketing que chamamos de interno). Não se esqueça: ignorar um ou outro diminuirá nossa força e a capacidade de sucesso futuro.

2. Não existe marketing externo poderoso e eficaz sem antes desenvolvermos um marketing interno igualmente poderoso. Se não tivermos consciência de que nosso primeiro cliente é nosso funcionário, teremos um problema que se manifestará mais dia menos dia. Quando isso acontecer, talvez não tenhamos tempo de retificar nossa postura.
3. O sucesso de ambos está necessariamente associado a sua combinação: enquanto o marketing externo oferece e vende expectativas ao cliente (principalmente, de serviço e atendimento), o marketing interno garante que elas (as que não são exclusivamente de produto) se materializem.
4. E nada disso é possível sem funcionários satisfeitos, motivados, orientados ao cliente final, informados e envolvidos na estratégia e nos objetivos da empresa.
5. Invista pelo menos tanto dinheiro em marketing interno quanto investiria em um bom departamento de recursos humanos.
6. Você pode viver, e até vencer, sem marketing interno, mas garantimos que viverá mais e melhor se ele for incorporado à sua empresa. Ou seja, ganhará mais dinheiro e durante mais tempo.

7. A comunicação é crucial. Sem ela, não existe verdadeira estratégia de marketing interno, como também não existe gestão de recursos humanos.
8. O conceito de cliente interno abre novas perspectivas à organização empresarial, pois propicia um entendimento mais rentável da qualidade e permite focar melhor as políticas de recursos humanos e de comunicação de uma companhia.
9. É mais difícil fazer bem um trabalho de marketing interno que de marketing externo. Exija de seus diretores mais envolvimento em relação ao marketing interno para evitar que campanhas publicitárias e atuações espetaculares escondam sua incapacidade de obter força interna e o envolvimento de todos, e não só da agência de publicidade. Atuar em marketing interno obriga todos a interagirem mais entre si em detrimento do brilho individual. E isso não agrada nem motiva alguns desses diretores, acostumados a ter notoriedade individual e a competir com outros departamentos para obtê-la. Isso talvez convenha a eles, mas não convém à empresa.
10. Mas, principalmente, MIME seus clientes, sejam internos ou externos. Você vive graças a eles e por causa deles, e deve viver também para eles. Uma atuação bem-sucedida em marketing interno não surge por geração espontânea. Está fundamentada em um trabalho prévio e na constante gestão de pes-

soas, de sua formação, sua motivação, sua integração e seu desenvolvimento dentro da empresa. Sem esse caldo de cultura não é possível fazer florescer nenhum projeto de marketing interno.

Qualquer sucesso presente nunca é um passaporte para o futuro: sempre é preciso inovar e buscar novas alavancas que gerem vantagens competitivas sobre nossos concorrentes, porque nosso entorno muda, e, com ele, os critérios que determinam o sucesso.

Só uma coisa é sempre uma aposta segura para o sucesso: A aposta no talento.

Bibliografia citada ou consultada

AAKER, DAVID A. (1996). *Construir marcas poderosas*. Ediciones Gestión 2000, S. A. Barcelona.

BARRANCO, F. J. (1993). *Planificación estratégica de Recursos Humanos: del marketing interno a la planificación*. Ediciones Pirámide. Madrid.

BENAVIDES, J. (2004). «¿Quién le tiene miedo a la banca *on-line*?». *Harvard Deusto Marketing y Ventas*, n.º 63, pp. 26-31.

BENAVIDES, J. (2005). «Estrategias de expansión en la Banca Española». *MK Marketing + Ventas*, n.º 198, pp. 54-59.

BENAVIDES, J.; DOMÈNECH, R. (2004). «¿Cuál es el futuro de las redes bancarias?». *MK Marketing + Ventas*, n.º 187, pp. 56-60.

BERRY, L. L. (1981). «The employee as customer», *Journal of retailing banking*, vol. 3, n.º 1, pp. 33-40.

BERRY, L. L.; HENSEL, J. S.; BURKE, M. C. (1976). «Improving retailer capability for effective consumerism response». *Journal of Retailing*, n.º 52 (3), pp. 3-14.

BERRY, L. L.; PARASURAMAN, A. (1991). «Marketing services: competing through quality». *The Free Press*. New York.

CABRÉ, A.; MARTORELL, G. (2009). *InBranding*. Cabré y Martorell Comunicación, S. L. Barcelona.

CARDONA, P.; REY, C. (2005). *Dirección por misiones*. Deusto Ediciones, S. A. Barcelona.

CHIAS, JOSEP (1996). *El mercado son personas*. McGraw--Hill de Management.

DROIN, RENÉ (1993). *La calidad con la sonrisa*. Ediciones Deusto-Expansión.

FLIPO, J. P. (1986). «Service firms: interdependence of external and internal marketing strategies». *European Journal of Marketing*, vol. 20, n.º 8, pp. 5-15.

GEORGE, W. R. (1977). «The retailing of services. A challenging future». *Journal of Retailing*, outono, pp. 85-89.

GOUNARIS, S. (2005). «Internal-market orientation and its measurement». *Journal of Business Research*, artigo a ser publicado.

GREENLEAF, R. K. (1977). *Servant leadership: A journey into the nature on legitimate power and greatness. Paulist press.* New York.

GRÖNROSS, C. (1983). *Strategic Management and the Marketing in the service sector.* Cambridge, Mass.: Marketing Science Institut (en el Reino Unido: Bromley, Chartwell-Bratt y Studentlitteratur).

KENNY, D.; MARSHALL, J. F. (2002). *Nuevas tendencias en Marketing*. Deusto Ediciones, S.A. Barcelona.

KOHLI, A. K.; JAWORSKI, B. J. (1990). «Market orientation: the construct, research propositions, and managerial implications». *Journal of Marketing*, 54, April, 1-18.

LAMBIN, J.-J. (1995). *Marketing estratégico.* McGraw-Hill.

NUENO, J. L. «Buscando problemas a las soluciones». *La Vanguardia*, 17 de mayo de 2009.

PIERCY, N. F.; MORGAN, N. (1991). «Internal Marketing. The missing half of de marketing programme». *Long Range Planning*, vol. 24, n.º 2, pp. 82-83.

PRUSAK, L. (1996). «The knowledge advantage». *Strategy & Leadership*, marzo-abril, pp. 6-8.

PORTER, M. «Mucho más que poesía». *Cinco Días*, 19 de noviembre de 2002.

QUINTANILLA, I. (1994). *Marketing y Psicología. Conceptos y aplicaciones*. Promolibro. Valencia.

SASSER, W. E.; ARBEIT, S. F. (1976). «Selling jobs in the service sector». *Business Horizons*, junio, pp. 61-62.

NOTAS

Que coisas novas devo fazer
que até agora não fazia?

NOTAS

O que devo mudar ou deixar de fazer urgentemente?

Este livro foi composto em
Trade Gothic LT Std e Adobe Garamond Pro
para a Editora Planeta do Brasil
em abril de 2012.